U0670658

职业教育电子商务专业创新教材

+ **DIANZI SHANGWU** JICHU YU SHIWU

电子商务基础与实务

主　编　吴　浪

副主编　余忻蔓

重庆大学出版社

图书在版编目（CIP）数据

电子商务基础与实务 / 吴浪主编. --重庆：重庆
大学出版社，2018.3（2020.8重印）
职业教育电子商务专业创新教材
ISBN 978-7-5689-0363-9

Ⅰ.①电…　Ⅱ.①吴…　Ⅲ.①电子商务—职业教育—
教材　Ⅳ.①F713.36

中国版本图书馆CIP数据核字（2016）第322878号

职业教育电子商务专业创新教材

电子商务基础与实务

主　编　吴　浪

责任编辑：章　可　　版式设计：尹　恒
责任校对：秦巴达　　责任印制：赵　晟

*

重庆大学出版社出版发行
出版人：饶帮华
社址：重庆市沙坪坝区大学城西路21号
邮编：401331
电话：（023）88617190　　88617185（中小学）
传真：（023）88617186　　88617166
网址：http://www.cqup.com.cn
邮箱：fxk@cqup.com.cn（营销中心）
全国新华书店经销
重庆升光电力印务有限公司印刷

*

开本：787mm×1092mm　1/16　印张：12.25　字数：261千
2018年4月第1版　　2020年8月第2次印刷
ISBN 978-7-5689-0363-9　定价：32.00元

+

QIANYAN

前言

　　随着信息技术的快速发展和广泛应用，电子商务对促进国内商品生产、流通和消费，推动国民经济发展，发挥着越来越重要的作用。由于电子商务的迅速发展，对电子商务人才的需求量大大增加，也对电子商务专业的人才培养提出了更高的要求。市面上许多电子商务实务教材多偏重于理论，缺乏对学生专业技能的培养，适合职业院校学生学习的教材就更少了，为了更好地培养学生的专业技能，编者编写了本书。

　　在"大众创业，万众创新"的热潮中，随着电子商务平台的不断完善，特别是淘宝网，其拥有10亿左右的用户，每天都有巨大的交易量，为学生提供了很好的电商创业平台。

　　本书重点结合淘宝网的开店过程，从实践应用的角度，全面系统地讲述了开设淘宝店铺所涉及的专业知识和技能。本书内容主要包括8个项目：认识电子商务、淘宝开店、开设移动终端店铺、开展网络营销、开展电子商务物流、网店售后管理、警惕电子商务安全、熟悉电子商务法律法规。

　　本书具有以下特点：

　　1.采用了"项目—任务—活动"的编写体例，根据不同的项目设计相应的任务，任务以情境导入的方式导入，以提高学生的学习积极性，然后通过若干个活动来完成任务，活动主要以实际操作为主，旨在提高学生的实践能力。

　　2.全书结构既统一又灵活，除了【项目概述】【项目目标】【任务描述】【任务实施】【项目小结】【自我检测】【项目评价】等固定版块外，在每个任务中间还灵活穿插有【做一做】【想一想】【阅读有益】等栏目，以丰富教学内容，增加学习的互动性。

3.以一个淘宝店铺的开设过程贯穿全书,讲述从开店前期市场调研和开店准备,到开通和装修店铺,采用哪些方式推广店铺,后期如何管理店铺等一个完整的过程。知识和技能的讲述更加系统,便于学生掌握。

4.根据电子商务发展现状,增加了移动终端店铺开设和管理的相关内容,使得内容更加全面。

5.配套有多种教学资源,包括操作讲解视频、教学视频、教学PPT课件、教学设计、素材库、作品库、试题库、实训指导电子教材等,可以通过扫描二维码观看,也可以在重庆大学出版社资源网站下载。

本书由吴浪担任主编,余忻蔓任副主编。项目一、项目二、项目三、项目五由余忻蔓编写,项目四、项目六、项目七、项目八由吴浪编写。在编写过程中,参阅、借鉴并引用了大量国内外关于电子商务的相关资料和研究成果,在此向原作者表示感谢。特别感谢重庆大学出版社的大力支持和帮助。

由于编者水平有限,书中难免有错误和不妥之处,请读者批评指正。

编　者

2018年1月

DIANZI SHANGWU
JICHU YU SHIWU

MULU

目录

项目一
认识电子商务

【项目概述】

小新初中毕业后，决定学习一门专业技能。近几年，由于电子商务呈现爆发式增长，小新对电子商务产生了浓厚的兴趣，他想从事一份电子商务领域的工作。可是，小新对电子商务还不够了解，需要先了解电子商务是什么，并开通网上支付账号，亲自体验一下电子商务。现在，我们随小新一起来学习吧！

【项目目标】

+ 了解电子商务的概念和基本特点；

+ 了解电子商务的交易流程和基本模式；

+ 了解传统商务和电子商务的区别；

+ 能根据个人情况建立就业目标；

+ 能开通和使用网上支付软件；

+ 能在网上购物和预订个人服务；

+ 培养学生对电子商务的学习兴趣。

[任务一]

走进电子商务

◆ 任务描述

　　小新学习的第一步就是要了解什么是电子商务。首先要了解电子商务的基本特点、基本模式，知道传统商务和电子商务的区别和各自的优劣势，掌握电子商务发展现状和趋势，初步对就业岗位进行定位。

◆ 任务实施

活动一　初识电子商务

1.什么是电子商务

　　电子商务通常指在互联网开放的网络环境下，买卖双方不谋面，通过电脑端或者移动终端，实现网上购物、网上交易和在线电子支付以及各种商务活动、交易活动、金融活动及相关的综合服务活动的一种新型商业运营模式。

2.电子商务的基本特点

电子商务的基本特点如图1-1所示。

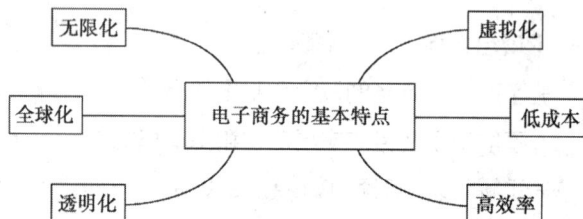

图 1-1　电子商务的基本特点

【扫一扫】如需了解电子商务基本特点的更多内容，请扫描左侧二维码。

电子商务基本特点

3.电子商务的交易流程

　　从电子商务实现的角度看，电子商务的主要交易流程是由买家和卖家通过互联网确定交易，第三方支付中心作为支付担保，物流配送将产品运达目的地，银行完成交易支付，如图1-2所示。

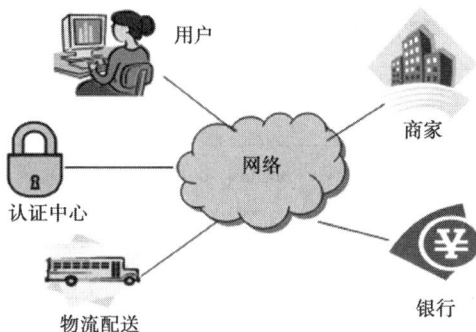

图1-2 电子商务的交易流程

4.电子商务的模式

目前,电子商务的常见模式有B2B、B2C、C2C、O2O 4种模式,见表1-1。

表1-1 电子商务的常见模式

模 式	营销特点	代表网站
B2B	企业与企业通过互联网进行产品、服务或者信息交换	阿里巴巴、敦煌网
B2C	企业与个人消费者通过互联网进行产品、服务或者信息交换	天猫、京东、苏宁易购
C2C	个人卖家与个人消费者通过互联网进行产品、服务或者信息交换	淘宝网、微店、猪八戒网
O2O	线上购买结合线下消费,适合必须到实体店消费的服务,如餐饮、健身、看电影和美容美发等	美团、滴滴打车、淘票票、阿里旅游

做一做

①全班同学分为4个小组,各小组通过抽签选择其中一种常见的电子商务模式,列举该模式的3个代表网站并作简要介绍。

②各小组浏览并分析各种电子商务模式的一个代表网站,填写表1-2,然后展示列表内容。

表1-2 电子商务网站分析

网站名称	
电子商务模式	
体验感想	
网站优势	
网站劣势	
改进建议	

3.浏览表1-3中的各类网站，举例说明电子商务给生活带来了哪些便利？

表1-3 常见的电子商务网站

类 型	代表网站
衣	蘑菇街：主要销售服饰类商品，单价低，品种繁多； 唯品会：主要销售品牌服饰类商品，折扣大，款式新
食	饿了么、淘点点、美团外卖：主要提供餐饮团购，外卖送餐
住	吉屋、房多多：是移动互联网房地产整合服务平台，提供房屋买卖、租赁服务
行	车来了：查询公交线路和到站时间； 滴滴出行：提供汽车出行服务，包括出租车、快车、顺风车等； 人人车：可以信赖的买卖车平台，提供丰富的车型和价格； 阿里旅游、携程网、同程旅游、途牛网：提供了与出行相关的酒店预订、机票预订、旅游团队预订、办签证、租车、买门票等一站式服务
综合	淘宝：网络百货商场、劳务交易平台； 58同城、赶集网：找工作、租房、买卖二手货的大众交易平台； 美团、大众点评、拉手网：预订美食、酒店、飞机票、火车票、电影票、KTV等

活动二 了解传统商务与电子商务的优劣势

阅读并分析以下案例，填写表1-4。

案例1：优衣库在零售业以优质的客户服务而闻名。目前，连锁店已开遍日本、中国、韩国等多国。其营业时间为10:00—22:00。店铺特点是每个店铺的面积不小于70 m²。优衣库的销售形式区别于国内众多的导购营销制，采用超市自选制，让顾客有更轻松的购物环境。顾客在店铺里可以享受优美的音乐，优质的店员服务，欣赏艺术性的商品陈列和有序的货架摆放。

案例2：阿里巴巴的电商平台已覆盖全球消费者，实现了24小时营业，让顾客可以随时随地买到喜欢的商品。平台中的各家店铺都进行了精致的店铺装修，通过全信息化一站式购买流程，在较短时间内顾客可以逛遍数百家店铺，领略各种商品。客服人员也会24小时待命，为顾客解决各种问题。

表1-4 优衣库和阿里巴巴的特点

优衣库的特点	阿里巴巴的特点

1.传统商务与电子商务的区别

传统商务与电子商务的区别见表1-5。

表1-5 传统商务与电子商务的区别

项 目	传统商务	电子商务
交易对象	部分地区	全球
交易时间	规定营业时间内	24小时
顾客方便度	受时间、地点限制	任何时间、任何地点
销售地点	需要销售空间（店铺）	虚拟空间
商品展示	按照顾客的习惯设置货架、摆放商品	关键词、细节图、角度图等
营销方式	传统渠道广告、店铺招徕、店员销售等	网络广告、链接、关联等
人才结构	店长、店员	运营、美工、客服、物流、程序员等

2.传统商务与电子商务的优劣势

传统商务与电子商务各有优劣，见表1-6。

表1-6 传统商务与电子商务的优劣势

项 目		传统商务	电子商务
优 势		实体商品体验性	商品选择范围化
		商品立即可得性	选购时间自由化
		刺激临时性购买	购买氛围舒适化
		店员近距离服务	产品价格亲民化
劣 势		受时间、空间、地域限制	安全性问题
		需要销售空间	商家的诚信问题
		需长时间掌握顾客需求	需要畅通的互联网
		交易中间环节多	需要一定的送货时间

阅读有益

　　由于部分传统行业受到电子商务的冲击，百盛公司也传出关闭多家门店的新闻，如需了解更多信息，请扫描右侧二维码。

YUEDUYOUYI

百盛关店

❓ 想一想

在了解传统商务与电子商务的优劣势后，请各小组结合市场，讨论以下3类商品在网上开店的优劣势，并填写表1-7。

表1-7　网上开店的优劣势

产品名称	优　势	劣　势
衬衣		
水杯		
坚果		

活动三　我国电子商务的发展现状与趋势

1.我国电子商务的发展现状

（1）我国社会消费品零售总额呈快速增长

2011—2016年中国社会消费品零售总额从18.4万亿元增长至33.2万亿元，年增长率保持在10%以上。未来几年内，中国零售市场整体发展环境较好，社会消费品零售总额或将继续平稳上升，2018年的数值预计将接近40万亿元，如图1-3所示。

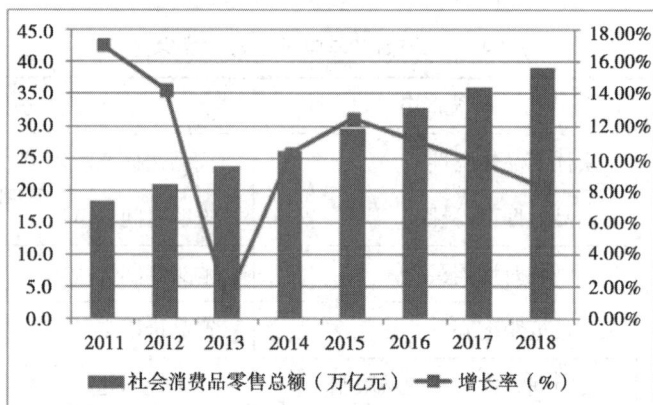

图 1-3　2011—2018 年中国社会消费品零售总额变化趋势

（2）我国网络购物市场交易规模呈快速增长

2016年，中国网络购物市场交易规模已达到6万亿。随着移动购物市场的飞速发展、典型电商企业向三四线城市甚至农村市场的扩张及国际化战略的布局，使中国网络购物市场在未来几年仍将保持30%左右的复合增长，2018年的数值预计将接近8万亿元，如图1-4所示。

（3）我国网购交易额移动端占比逐渐扩大

移动互联网的普及、网民购物习惯的变化、移动购物场景的完善、移动支付应用的推广、核心网购企业移动端布局力度的加大，共同推动了中国移动购物市场的快速发展，2018年移动端购物占比已超过75%，未来几年仍将继续保持增长态势。

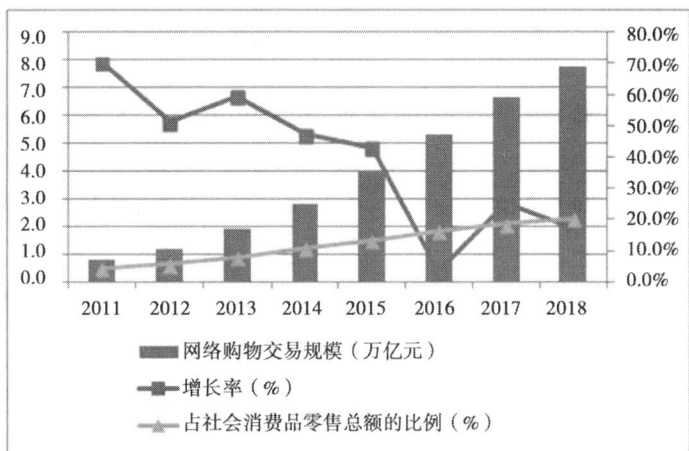

图 1-4 2011—2018 年中国网络购物市场交易规模

图例：
- 网络购物交易规模（万亿元）
- 增长率（%）
- 占社会消费品零售总额的比例（%）

图 1-5 2011—2018 年中国网购交易额 PC 端和移动端占比

图例：
- PC网络购物交易规模占比
- 移动网络购物交易规模占比

（4）跨境电商规模呈快速增长

跨境电商预计将为在线总消费量贡献更高的份额，预计将实现30%的复合年增长率，有望在2020年达到1万亿的总量。其中，食品和母婴用品将引领增长，到2020年的复合增长率将超过30%。跨境电商的迅猛发展使得那些还没有进入或者刚刚进入中国市场的国际品牌获得了更多的关注，降低了生产企业建立品牌知名度和分销网络的成本，但如何制订全球的价格体系将是一个挑战。

2.我国电子商务未来发展的特点

（1）行业整合进程加剧

未来的电商平台将加速整合，追求成为全品类覆盖的综合性平台，或者专注细分市场的垂直型平台。众多生活服务电商纷纷合并，如美团与大众点评合并、携程与去哪儿合并、滴滴与Uber合并、58同城与赶集网合并等。

（2）传统行业开始参与电子商务

越来越多的传统行业开始进入电子商务领域，纷纷开展"互联网+"行动或直接转型进军电商市场，特别是百货商场，受到电商的影响比较明显。苏宁易购和国美电器是较早进入电商领域的零售企业。

（3）新生代网络消费者的崛起

未来网络消费的增长将主要来自20世纪80、90年代出生的消费者。

（4）未来的消费重点将会发生转移

服务将超过产品，成为未来消费增长的主要动力。未来，消费者对于高端产品及服务的需求激增，消费观念也将从"购买产品"转向"享受服务"，从"满足日常需求"变为"改善生活品质"。

（5）将VR(虚拟现实)技术应用到电商平台

电商平台将推出使用VR技术的全新购物方式，可生成交互的三维购物环境，将突破时间和空间的限制，真正实现各地商场随便逛，各类商品随便试。

💬 说一说

小组讨论，大胆想象电子商务未来会是什么样子的?

活动四　了解电子商务就业岗位

根据市场需求，可将电子商务专业学生的就业岗位划分为4类：运营类、美工类、客服类和物流类，见表1-8。

表1-8　电子商务行业的常见就业岗位

职位分类	就业岗位	技能要求
运营类	网店运营师 网店营销师 网店运营经理	①负责店铺的营销计划、市场推广、广告策略等方案的制订与实施； ②懂得市场活动的策划与推广、目标消费群的分析； ③负责各品类市场活动的策划、推广及效果评估，了解微信、团购等网站或营销渠道，能有效提升店铺及产品的访问量； ④负责店铺运营数据的统计与分析、部门人员的管理
	网店运营专员	①负责店铺的日常管理和维护工作，上新品、商品下架等； ②优化竞价关键字，提高活动转化率、ROI回报率等； ③完成网店运营经理交办的工作
	网店营销专员	①熟悉网站搜索引擎排名规则，懂得搜索引擎优化方法； ②会常见的网络营销推广方式，提高店铺曝光量、点击率、浏览量和转化率； ③熟悉网店营销活动，设计和发布网店推广内容

续表

职位分类	就业岗位	技能要求
美工类	网店设计师	①负责页面整体形象设计、装修、制作，并应配合当月营销活动及时更新； ②负责产品图片的美化、编辑、制作、管理工作； ③善于色彩搭配，思维活跃，有创意，有较强视觉效果表现能力； ④配合营销活动，制作页面促销图片及广告宣传海报等
	网店美工	①负责网店的设计、改版、更新； ②负责宝贝界面的设计、编辑、美化等； ③对宝贝进行拍照，并能进行简单的文字描述； ④根据网店活动方案，制作广告图
客服类	网店客服主管	①负责顾客投诉管理，分析并解决客户投诉问题，控制顾客投诉量； ②负责培训客服人员，提高客户下单率，提高工作效率及服务水平； ③负责与其他部门的工作衔接和配合； ④负责收集售后服务方面的规则、法律法规及相关政策
	网店客服人员	①通过Internet聊天工具与客户进行沟通并推进销售； ②回复电话咨询和网络咨询； ③接受电话订单和网络订单，并处理订单； ④回访和维护客户，服务订单； ⑤记录汇总咨询事件，及时分析并反馈给上级主管
物流类	物流主管	①负责仓库及物流的管理； ②负责货运与产品配送管理； ③负责产品货源协调； ④负责物流成本费用控制； ⑤负责物流部团队管理； ⑥负责物流费用结算审核
	库管人员	①负责每日订单的配货、打包、搬运、发货、查单、退货处理等； ②负责仓库的日常管理工作（出入库、盘点、核对、录入系统等）； ③保证收发货物的准确性和及时性

想一想

作为一名电子商务专业的学生，你喜欢哪一类的岗位，并说明原因。

[任务二]

开通网上支付平台

◆ 任务描述

　　小新通过学习，对电子商务有了一定的了解，现在小新希望能够亲自体验一下电子商务。他发现首先需要在网上开通支付账号，然后才能在网上购物和预订个人服务。开通支付账号时，还需要准备一张银行卡。现在来看看小新是怎样开通网上支付账号的。

◆ 任务实施

　　活动一　开通PC端支付平台

阅读有益

　　1.了解网上支付平台

　　网上支付平台是通过通信、计算机和信息安全技术，在商家和银行之间建立连接，从而实现消费者、金融机构以及商家之间货币支付、现金流转、资金清算、查询统计的一个平台。网上支付平台主要通过PC端(电脑终端)和移动终端进行支付，具体分类如图1-6所示。

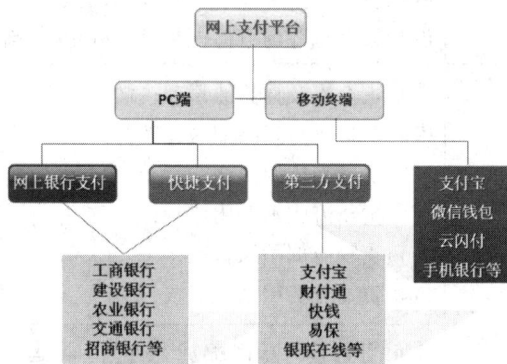

图1-6　网上支付平台的类型

　　2.网上银行

　　网上银行，主要是指银行通过信息网络提供的金融服务，包括传统银行业务和因信息技术应用带来的新兴业务。通过Internet向客户提供开户、查询、对账、行内转账、跨行转账、信贷、网上证券、投资理财等传统服务项目，使客户可以足不出户就能够安全便捷地管理活期和定期存款、支票、信用卡及个人投资等。

网上银行常用业务如下：

（1）基本网银业务

商业银行提供的基本网上银行服务包括账户查询、转账等。

（2）网上购物

商业银行的网上银行设立的网上购物协助服务，为客户在相同的服务品种上提供了优质的金融服务或相关的信息服务。

（3）网上投资

网上银行一般提供包括股票、基金投资等金融产品服务。

（4）个人理财

通过网络为客户提供理财的各种解决方案，提供咨询建议，或者提供金融服务技术的援助。

3.快捷支付

快捷支付指用户购买商品时，不需开通网银，只需提供银行卡卡号、户名、手机号码等信息，银行验证手机号码正确性后，第三方支付平台发送手机动态口令到用户手机号上，用户输入正确的手机动态口令，即可完成支付。如果用户选择保存卡号信息，则用户在下次支付时，只需输入第三方支付平台提供的支付密码或者是支付密码加手机动态口令即可完成支付。

4.第三方支付平台

国内的第三方支付平台主要有支付宝、微信钱包、百度钱包、PayPal、财付通、快钱、网银在线等，其中支付宝和微信钱包使用较为广泛。支付宝是由阿里巴巴集团创立的第三方支付平台。微信钱包是集成在微信客户端的支付功能，以绑定银行卡的快捷支付为基础，用户可以通过手机完成快速的支付。

YUEDUYOUYI

1.开通网上银行（以中国建设银行为例）

方法1：在柜台申请开通

到中国建设银行营业大厅申请办理，办理时可选择3种客户类型之一：静态密码客户、动态密码客户、U盾用户。建议办理U盾用户（银行给用户提供一个U盾），这样在网上每日没有最大交易额限制。U盾是经过复杂加密的硬件设备，很难被黑客解密，采用USB接口插入计算机，使用安全而且方便。

方法2：在网上申请开通

必须持有中国建设银行的储蓄卡，然后登录中国建设银行网站（www.ccb.com），在个人网上银行一栏单击"登录"按钮。具体过程如下：

①进入登录页面后，单击右下角的"马上开通"，如图1-7所示。

②在新窗口中选择左侧的普通用户，单击"马上开通"按钮，如图1-8所示。

图 1-7　登录个人网上银行

图 1-8　选择普通客户

③阅读协议及风险提示，选中"我已认真阅读《中国建设银行电子银行个人客户服务协议》《中国建设银行电子银行风险提示》，并同意遵守以上协议。"，单击"同意"按钮，如图1-9所示。

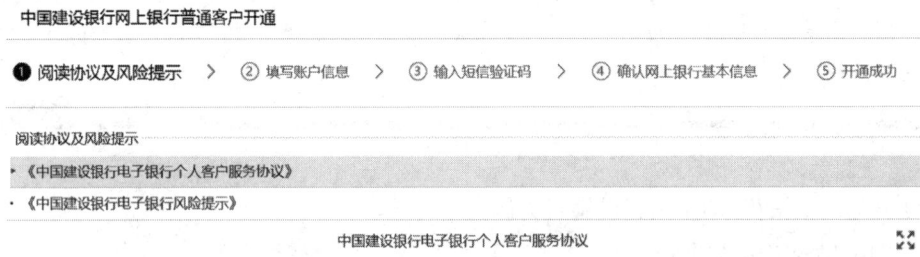

图1-9　协议及风险提示

④填写账户信息，输入姓名、建行账号和附加码，如图1-10所示。

图 1-10　填写账户信息

⑤输入短信验证码,确认网上银行基本信息后,即开通成功。

2.开通快捷支付

①在淘宝网产生订单后,在支付页面单击"添加快捷/网银付款"。

②填写合作银行和机构。

③单击"卡种选择",选择"储蓄卡",选择开户银行。

④单击"快捷支付",单击"下一步"按钮,如图1-11所示。

支持付款方式:

○ **快捷支付** 银行与支付宝共同推荐,目前已超过3亿用户使用!

○ 网上银行(需开通网银) 跳转至网银时请认真核对收款方,以保障支付安全。

○ 企业网上银行(需开通网银) 需开通网上银行。

下一步

图 1-11　选择"快捷支付"

⑤填写银行卡相关信息后,单击"同意协议并付款"按钮,如图1-12所示。

付款方式:　中国建设银行 China Construction Bank　储蓄卡 **快捷支付**　支付 **9.98** 元

✓ 安全设置检测成功!付款环境安全可靠。

ⓘ 请填写以下信息用于实名身份验证。

姓名:　[付款银行卡的开户姓名]　选择生僻字

证件:　[身份证 ▼]　[5**************0] 🔒

储蓄卡卡号:　[　　　　] 🔒

手机号码:　[此卡在银行预留的手机号码]

付款校验码:　[　] 免费获取

ⓘ 开通快捷支付,下次可凭支付宝支付密码快速付款。

同意协议并付款

《中国建设银行储蓄卡快捷支付业务线上服务协议》和《支付宝快捷支付服务协议》

图 1-12　填写信息

3.开通第三方支付平台

(1)开通银联在线

①输入网址www.chinapay.com,单击"立即注册",如图1-13所示。

②单击"手机号码注册",输入手机号,再输入验证码完成动态验证。

③填写相关信息,注意在设置密码处单击"此处下载控件",下载并安装控件。

④填写完相关信息后,完成注册。

(2)绑定银行卡

①进入网银在线主界面,输入用户名后单击"登录"按钮。

②登录成功后,填写安全管理信息,如图1-14所示。

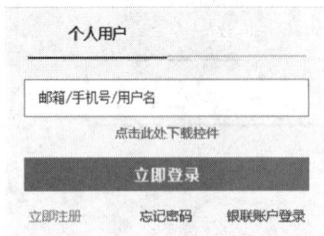

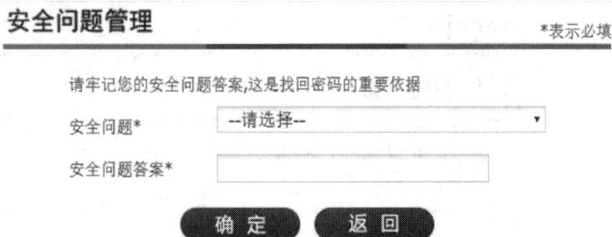

图 1-13　登录窗口　　　　　图 1-14　填写安全管理信息

③单击右上角的"个人管理",进入"个人管理"界面。

④单击"绑定卡信息",然后单击"卡绑定",如图1-15所示。

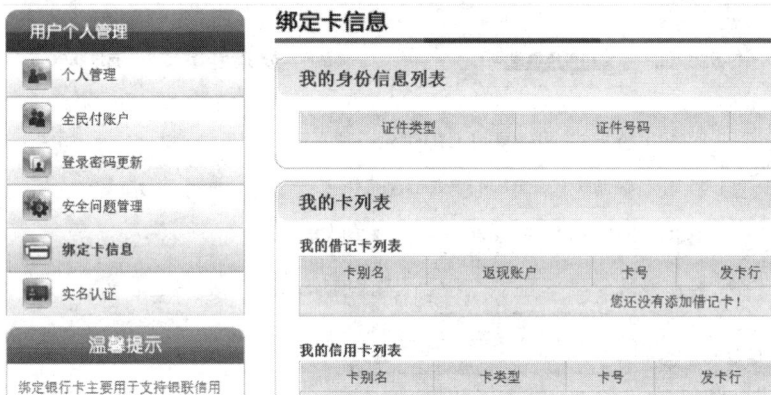

图 1-15　选择绑定银行卡

⑤输入银行卡相关信息,完成绑定,如图1-16所示。

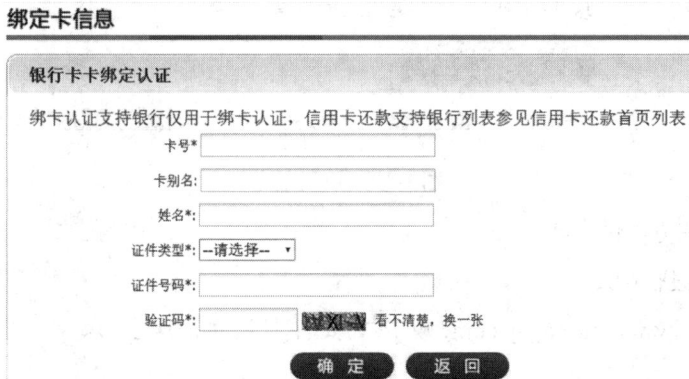

图 1-16　输入银行卡信息

活动二　开通移动端支付平台

1.开通支付宝

（1）注册支付宝

可以通过电脑端，也可以通过手机端开通。现以手机端开通为例：

①在任意应用市场下载并安装支付宝APP。

②打开支付宝软件，单击"没有账号？请注册"，输入手机号和登录密码后，单击"注册"按钮，如图1-17所示。

③收到手机验证码后，填写6位验证码。

④设置手机支付密码，在输入框内输入"6位支付密码"，单击"完成注册"即注册成功。

（2）绑定银行卡号

①登录支付宝后，单击右下角的"我的"，再单击"我的银行卡"，如图1-18所示。

②单击右上角的"+"，填写持卡人和银行卡号，单击"下一步"按钮，如图1-19所示。

③填写银行预留手机号码，单击"下一步"按钮，完成银行卡绑定，如图1-20所示。

手机号注册

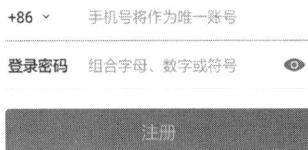

图 1-17　支付宝注册界面

图 1-18　支付宝界面

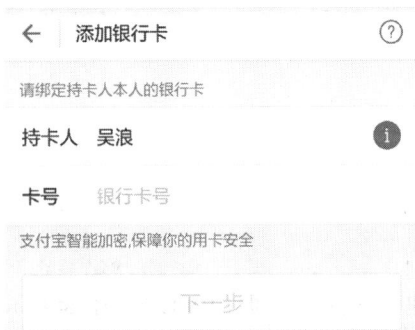

图 1-19　填写银行卡信息界面

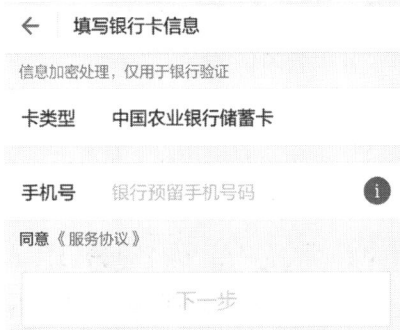

图 1-20　填写手机号码界面

【扫一扫】如需了解支付宝的各项功能，请扫描右侧的二维码。

支付宝的功能

做一做

（1）下载和安装支付宝APP。

（2）开通支付宝，了解支付宝的常用功能。

（3）用支付宝给手机号充值。

2.开通微信钱包

开通微信钱包的操作过程如下：

①下载并注册微信账号，打开微信，单击右下角的"我"，再单击"钱包"，如图1-21所示。

②绑定一张银行卡，再单击"下一步"按钮，完成银行卡绑定，如图1-22所示。

图 1-21　微信界面

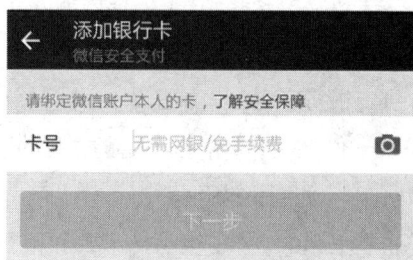

图 1-22　绑定银行卡号

做一做

开通微信钱包，了解微信钱包的功能。

3.开通云闪付

开通云闪付的操作过程如下：

①下载并安装云闪付支付软件。

②打开云闪付软件，单击"注册"进入注册界面，通过手机号注册，如图1-23所示。

③注册后，根据用户名和密码登录。

④添加云闪付的银行卡号，再填写手机号和手机验证码即可开通，如图1-24所示。

图 1-23　云闪付注册界面

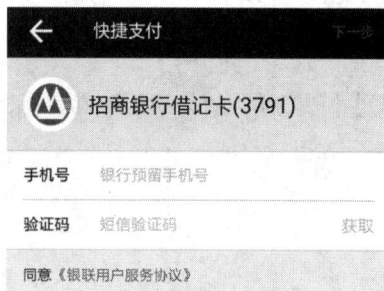

图 1-24　添加信息界面

做一做

下载和安装云闪付App，打开云闪付软件，绑定银行卡。

[任务三]　　　　　　　　　　　　　　　　　　　　　　NO.3

体验电子商务

◆ 任务描述

小新开通网上支付账号后，迫切地想体验一下电子商务，他决定首先在网上购物和预订定制服务，体验电子商务带来的便利。

◆ 任务实施

活动一　体验PC端电商平台

1.在淘宝网购物

①在计算机的浏览器地址栏输入淘宝网的地址（www.taobao.com），按回车键打开淘宝网，如图1-25所示。

图1-25　淘宝网首页

②按照如图1-26所示的流程完成新用户注册。

③根据设置的账号和密码登录，在搜索栏输入所需商品的名称，单击"搜索"按钮。

④单击搜索页面中的商品图片，查看商品价格、型号、宝贝详情、累计评论等。

⑤选中商品后，单击"立即购买"按钮。

⑥填写收货地址，查看订单信息，再单击"提交订单"按钮。

⑦进入支付页面，输入支付密码，单击"确认付款"按钮后就可以等待收货了。

⑧等商家通过快递将商品寄到手中后，再输入确认支付密码，完成整个购物过程。

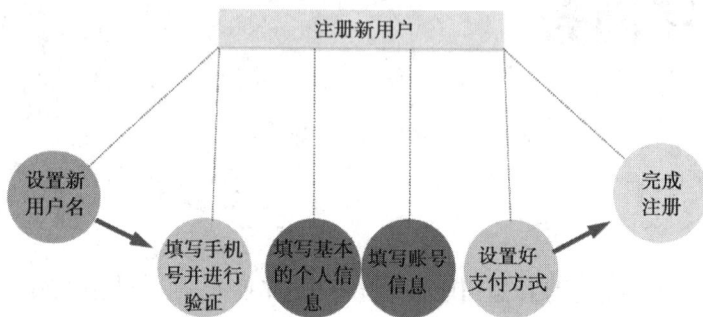

图1-26　注册新用户流程图

阅读有益

淘宝网购物的注意事项

1.查看网店信誉度

如果在淘宝店铺购买商品，可以优先选择金牌卖家或者皇冠级店铺或者天猫店铺，其次可以查看普通网店信誉度，尽量选择"描述""服务""物流"3项指数高于同行业的店铺。普通网店信誉度如图1-27所示。

2.查看店铺售后指数

单击普通店铺的信誉图标，可以打开新的页面了解卖家更多的信息，如打分人数以及各分值的人数分布情况、店铺30天内服务情况等，如图1-28所示。

3.安装和使用阿里旺旺

在淘宝网与商家交流，使用的是阿里旺旺软件，买家需自行了解阿里旺旺的安装及使用方法。

图1-27　普通网店信誉度

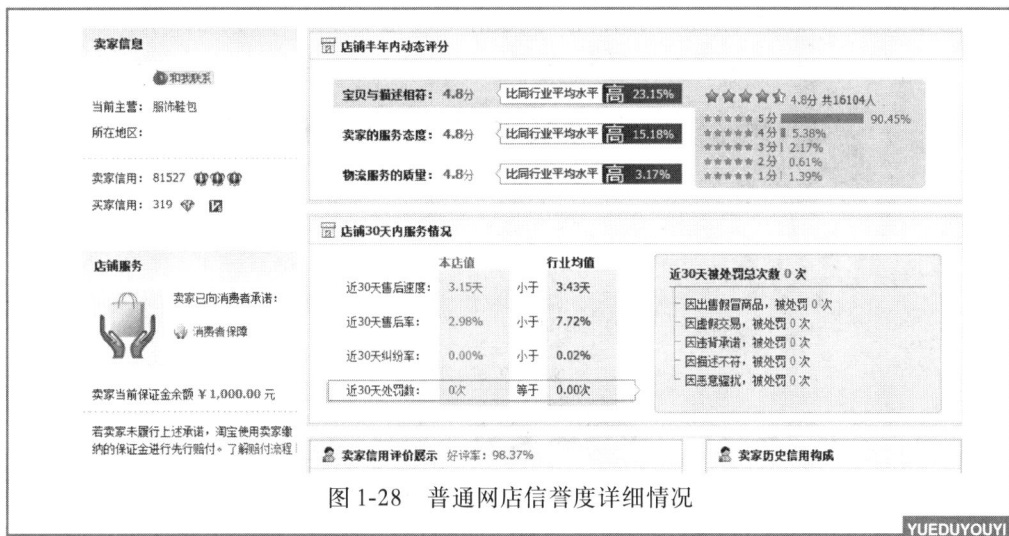

图 1-28　普通网店信誉度详细情况

2.在途牛网预订跟团游服务

①在浏览器地址栏输入途牛网的地址（www.tuniu.com）后按回车键，进入途牛网。

②如果未注册，则在网站左上角单击"注册"按钮，填写相关信息注册后再登录。

③在途牛网搜索栏输入想去旅游的景点，如九寨沟，然后选择"查看 九寨沟跟团游"，如图1-29所示。

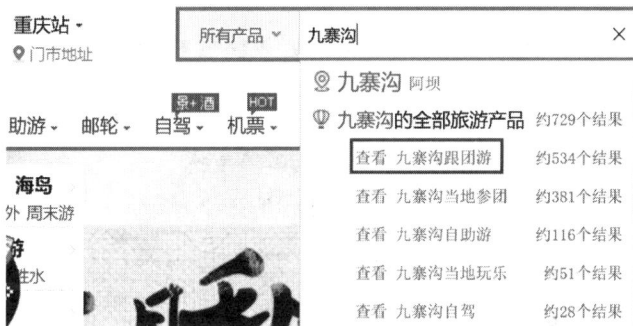

图 1-29　途牛网

④在页面中有更多的选项帮助缩小搜索的范围，如包含景点、游玩线路、出发城市、行程天数、相关目的地、出发时间等，如图1-30所示。

图 1-30　跟团游搜索页面

⑤根据用户满意度、已出游人数、点评人数情况，单击其中的一个搜索结果。

⑥选择合适的日期、成人和儿童的人数，单击"立刻预订"按钮，如图1-31所示。

图1-31　选择预订日期

⑦核对预订信息后，填写联系人姓名和手机号，如图1-32所示。

图1-32　填写联系人信息

⑧填写出游人的姓名和身份证号码，如图1-33所示。

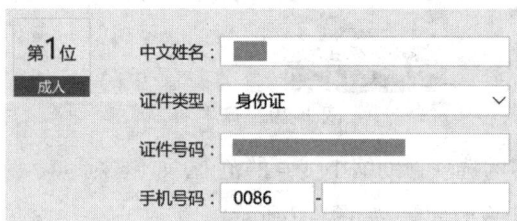

图1-33　填写出游人身份信息

⑨提交订单后，等待客服确认预订信息后，生成付款的订单，再单击"去付款"按钮，如图1-34所示。

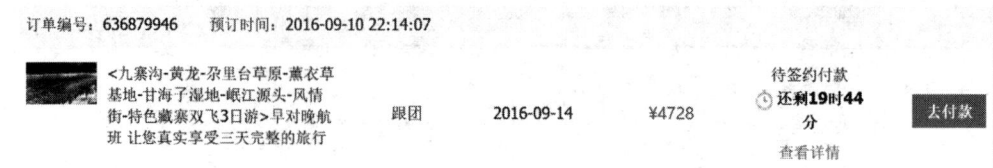

图1-34　付款订单

⑩付款后即预订成功,保证手机能正常通信,等待途牛网发送出行信息的短信。

做一做

体验在淘宝网上购买一件商品。要求如下:

①店铺的信誉为三颗钻以上或者天猫店铺。

②"宝贝与描述相符""卖家的服务态度""物流服务的质量"指数高于同行业的店铺。

③"近30天纠纷率"和"近30天处罚数"为0,"近30天售后率"小于5%,"近30天售后速度"小于行业均值。

活动二　体验移动端电商平台

在移动终端通过京东APP购物的过程如下:

①下载并安装京东APP购物软件。

②注册京东账户后登录。

③在搜索栏输入需要购买的商品名称。

④搜索到需要购买的商品后,单击查看详细信息,确认购买后单击"加入购物车"按钮。

【提示】在京东购买商品时,要注意这类商品是否是自营商品,如果是自营商品,表明该产品是由京东提供货品和送货服务,商品质量更容易得到保障。对于那些价格比较昂贵的商品,应优先选择购买自营产品。

⑤单击"购物车",再单击"去结算"按钮。

⑥确认订单信息无误后,单击"立即下单"按钮。

⑦选择支付方式后,单击"立即支付"按钮,如图1-35所示。付款成功后就完成了整个购物过程。

做一做

①用手机下载并安装国美在线App,购买一件商品。

②用手机下载并安装美团App,购买一份外卖。

图1-35　京东收银台页面

❓ 想一想

通过体验购物过程之后，同学们从一个消费者的角度想一想：

①在购物前，你从什么地方找到所需要的产品？

②在选择商品的过程中，你比较关注商品的哪些信息？

③在购物后，什么情况下会需要退换货？

◆ 项目小结

学完本项目后，需要注意的是：

1.电子商务的模式有很多种，我们需要重点了解B2B、B2C、C2C、O2O 4种常见模式。目前，国内很多知名的电子商务平台采用的是B2C模式，正在大力发展O2O模式。

2.开通支付平台需要提供银行卡号，为了保护个人财产安全，绑定的银行卡中的余额不宜太多。

3.网店中的用户评价有许多是虚假评论，需要认真鉴别。

4.为了保护个人财产安全，不要随意使用非知名的电商平台。

5.电子商务平台种类繁多，除了为消费者提供购物服务外，还能提供餐饮、旅游、租车、设计、娱乐等预订服务。

◆ 自我检测

一、单选题

1. 以下哪一项属于传统商务的特点？（　　　）

　A.受时间限制 　　　　　　　　　　B.不受地点限制

　C.交易面向全球化 　　　　　　　　D.购买空间虚拟化

2. 以下哪一项属于电子商务的特点？（　　　）

　A.流通环节多 　　　　　　　　　　B.不受时间、空间、地域限制

　C.需要销售空间 　　　　　　　　　D.需长时间掌握顾客需求

3. 企业对用户的电子商务模式是指（　　　）。

　A.B2B 　　　　　B.B2C 　　　　　C.C2C 　　　　　D.O2O

4. 淘宝网的电子商务模式是（　　　）。

　A.B2B 　　　　　B.B2C 　　　　　C.C2C 　　　　　D.C2B

5. 京东网的电子商务模式是（　　　）。

　A.B2B 　　　　　B.B2C 　　　　　C.C2C 　　　　　D.O2O

二、填空题

1._____由买家和卖家通过互联网确定交易，第三方支付中心作为支付担保，物流配送产品运达目的地，银行完成交易支付。

2.常见的网上支付平台包括_____、_____、云闪付和手机银行等。

3.线上营销、线上购买带动线下经营和线下消费是指_____模式。

三、简答题

1.简述传统商务的优势和劣势。

2.简述电子商务的优势和劣势。

四、实操题

1.下载并安装手机淘宝APP,购买一件商品。

2.以"传统商务和电子商务该如何融合发展"为题,通过举例说明,谈一谈自己的看法。

◆ 项目评价

评价项目		评分标准	得　分
电子商务概述	能陈述	什么是电子商务（3分） 电子商务的基本特点（3分） 网上购物的交易流程（3分） 电子商务常见的4种模式（3分）	
传统商务与电子商务	能陈述	传统商务与电子商务的特点（3分） 传统商务与电子商务的优劣势（3分）	
我国电子商务的发展现状及趋势	能陈述	我国社会消费品零售总额情况（2分） 我国网络购物市场交易规模（2分） 我国网络购物市场交易增长比例（2分） 我国线上零售市场交易额（2分） 我国电子商务B2B市场交易规模（2分） 我国网购交易额PC端和移动端占比（2分） 我国进口电商市场交易规模（2分）	
电子商务的就业岗位	能陈述	电子商务行业的常见岗位（2分） 运营类岗位的要求（2分） 美工类岗位的要求（2分） 客服类岗位的要求（2分） 物流类岗位的要求（2分）	
PC端支付平台	能陈述	网上支付平台的概念（3分） 网上银行的概念（3分） 网上银行的常用业务（3分）	
	能开通	网上银行（8分） 快捷支付（8分） 第三方支付平台（8分）	

续表

评价项目		评分标准	得　分
移动端支付平台	能陈述	移动支付的概念（2分） 常见的移动支付平台（2分）	
	能开通	手机支付宝（7分） 微信钱包（7分） 云闪付（7分）	
总分（100分）			

项目二
淘宝开店

【项目概述】

通过学习，小新对电子商务有了初步的认识。他了解到淘宝网是目前C2C模式发展得最好的电商平台，于是决定要开一家淘宝店，通过实践，更好地理解电子商务的相关知识，也能更好地掌握电子商务领域的专业技能。

【项目目标】

+ 了解开设淘宝店的基本流程；

+ 了解淘宝店的热销商品；

+ 能进行市场调研和产品定位；

+ 能开设和装修淘宝店；

+ 能寻找进货渠道；

+ 能使用常用的卖家工具管理店铺；

+ 能代销商品；

+ 培养学生的创业意识。

［任务一］

开店前准备

◆ **任务描述**

　　小新虽然想开一家淘宝店铺，但是怎么开店，卖什么产品，却并不清楚。小新准备通过市场调研，查看哪些商品是热销产品，分析产品竞争度，结合个人因素以及产品的发展 趋势确定产品类型，进行产品定位，确定店铺的主营产品，最后寻找货源进货。

◆ **任务实施**

活动一　市场调研

　　市场调研的方法有很多，如实地调查、问卷调查、网上调查等。由于小新准备开网店，所以采用网上调查更加便利，采集的数据也更多。

阅读有益

　　1.什么是网上市场调研

　　网上市场调研（又称网络市场调查），是指基于互联网系统地进行营销信息的收集、整理、分析和研究的过程。

　　2.网上市场调研的原则

- 合理设计在线问卷；
- 尽可能多的人参与；
- 设置合理奖项；
- 样本分布均衡；
- 公布保护个人信息的声明；
- 采用多种网上调研手段。

　　3.网上市场调研的主要内容

　　网上市场调研的主要内容见表2-1。

表2-1　网上市场调研的主要内容

方向	主要内容
市场需求研究	①现有市场对某种产品的需求量和销售量； ②市场潜在需求量有多大，也就是某种产品在市场上可能达到的最大需求量是多少； ③不同的市场对某种产品的需求情况，以及各个市场的饱和点及潜力； ④本企业的产品在整个市场的占有率，以及不同市场的占有率，哪些市场对企业最有利； ⑤分析研究市场的进入策略和时间策略，从中选择和掌握最有利的市场机会

方向	主要内容
消费者购买行为研究	①消费者的人口、家庭、地区、经济等基本情况，以及他们的变动情况和发展趋势； ②社会、政治、经济、文化教育等发展情况,以及这些因素对用户的需要将会 产生的影响； ③不同地区和不同民族的消费者，他们的生活习惯和生活方式有何不同,有哪些不同的需要； ④了解消费者的购买动机，包括理智动机、感情动机和偏爱动机
营销因素研究	①产品的研究； ②价格的研究； ③分销渠道的研究； ④广告策略的研究； ⑤促销策略的研究
竞争对手研究	①市场上的主要竞争对手及其市场占有率情况； ②竞争对手在经营、产品技术等方面的特点； ③竞争对手的产品、新产品及其发展情况； ④竞争者的分销渠道、产品的价格策略、广告策略、销售推销策略； ⑤竞争者的服务水平等
宏观环境研究	①政治法律环境； ②经济环境； ③社会文化环境； ④科学技术环境； ⑤自然地理环境

4.网上市场调研的方法

（1）网上直接调研法

网上直接调研是指为特定目的在互联网上收集一手资料或原始信息的过程，其主要方法如图2-1所示。

（2）网上间接调研法

网上间接调研主要是利用互联网收集与企业营销相关的市场、竞争者、消费者以及宏观环境等方面的信息，主要有以下几种方法：

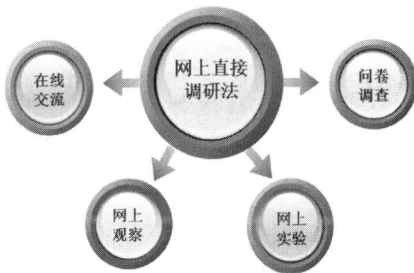

图 2-1　网上直接调研的具体方法

- 利用搜索引擎收集资料；
- 利用公告栏收集资料；
- 利用新闻组收集资料；
- 利用电子邮件收集资料。

由于网上间接调研法比较方便,小新决定采用网上间接调研法,利用搜索引擎收集资料。

1.查看新版阿里指数

(1)查看区域指数

新版阿里指数是阿里巴巴出品的基于大数据研究的社会化数据展示平台。其中的区域指数,从地区角度解读区域交易概况,发现贸易往来的热度及热门交易类目、人们关注的商品类目或者关键词,探索交易的人群特征。具体操作过程如下:

①访问新版阿里指数网站(alizs.taobao.com),单击"了解更多",输入用户名和密码登录。

②首先,默认是进入区域指数的"贸易往来",通过地图显示,颜色深的地方表示交易热度较高。

③通过选择省份了解不同的区域指数情况,界面如图2-2所示。

图 2-2　选择省份界面

④查看热销产品排名,如图2-3所示。

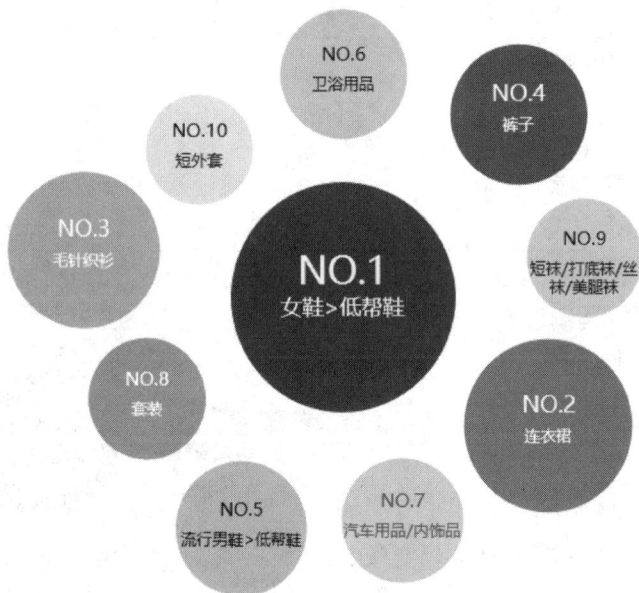

图 2-3　热销产品排名

⑤单击"热门类目",可查看"热买"和"热卖"的产品类目排行榜情况,排名靠前的类目表示销量靠前。

⑥单击"搜索词排行",可查看"搜索榜"和"涨幅榜"情况,排名靠前的类目表示需求量较大。

⑦单击"买家概况",可查看性别占比、年龄阶段占比(见图2-4)、星座占比、喜好度、淘宝会员等级占比、终端偏好占比(见图2-5)。通过查看分析,发现性别比总体差异不大,

值得重点关注的是,年龄阶段占比和终端偏好占比不均衡,年龄阶段中的小年轻和青年占比较重,无线端客户群体达到客户群体的90%左右。

图 2-4　年龄阶段占比

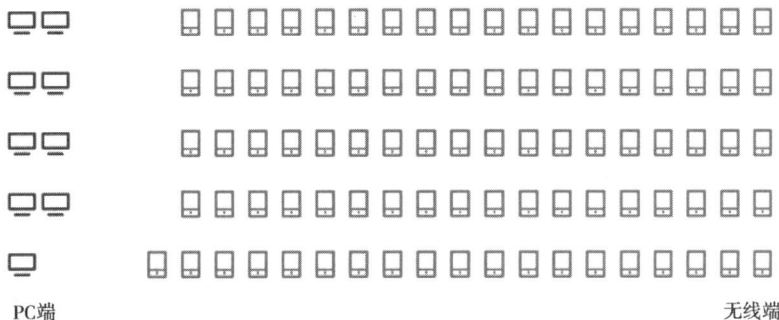

图 2-5　终端偏好占比

⑧单击"卖家概况",可查看主营行业占比、星级占比、经营阶段占比,见表2-2。

表2-2　卖家概况分析

卖家概况	情况分析
主营行业占比	排名靠前的类目表示该类产品竞争较激烈
星级占比	天猫卖家、淘宝冠级、淘宝钻级占比较高表示该区域网店竞争比较激烈
经营阶段占比	上升期、稳定期和资深卖家的占比较高表示该区域发展较好的网店较多

（2）查看行业指数

新版阿里指数的行业指数从行业角度解读行业的现状和发展态势,还能发现热门商品,知晓行业中卖家及买家的群体概况。具体操作过程如下:

①访问新版阿里指数网站,单击"行业指数"选择产品类目,如选择男装类目下的牛仔裤,如图2-6所示。

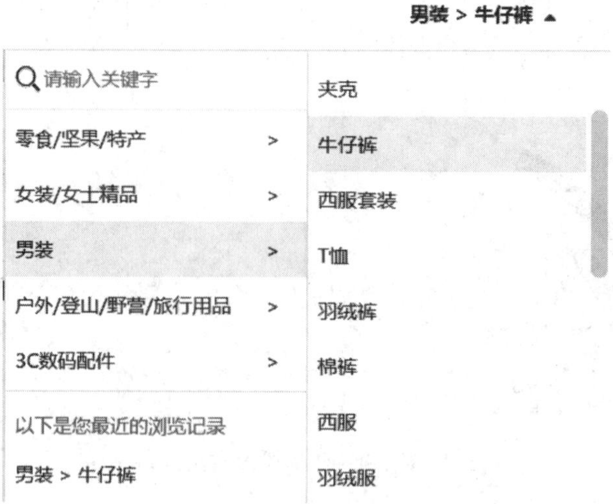

图 2-6　男装类目

②单击"行业指数"，默认显示出搜索词排行（见图2-7），可查看搜索榜和涨幅榜，尽量选择排名靠前的产品。

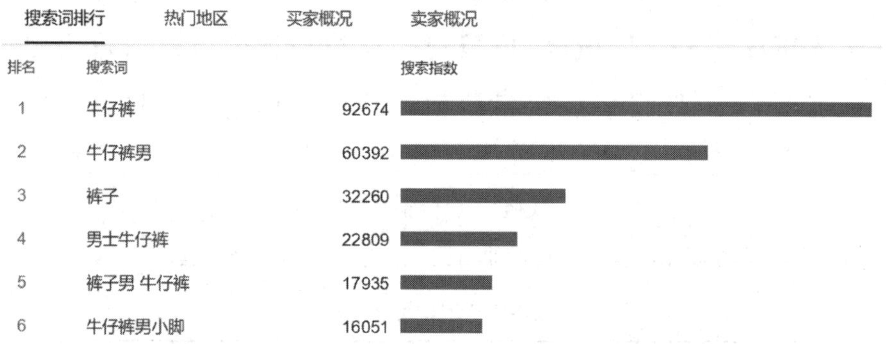

图 2-7　搜索词排行

③单击"热门地区"，可查看哪些地区属于该类产品的热买地区和热卖地区。如果某类产品在某地区属于热买产品而非热卖产品，那么在该地区销售此类产品由于发货时间更短，运费更低，将能获得很好的商机。

④单击"买家概况"，查看购买牛仔裤的性别占比和年龄阶段占比，如图2-8和图2-9所示。

⑤单击"卖家概况"，查看星级和经营阶段情况，根据情况判断牛仔裤的竞争激烈程度。

2.查看旧版阿里指数

除了了解新版阿里指数中的区域指数和行业指数外，还可以查看旧版阿里指数，了解市场行情、热门行业、企业分析以及商品热门属性。具体操作过程如下：

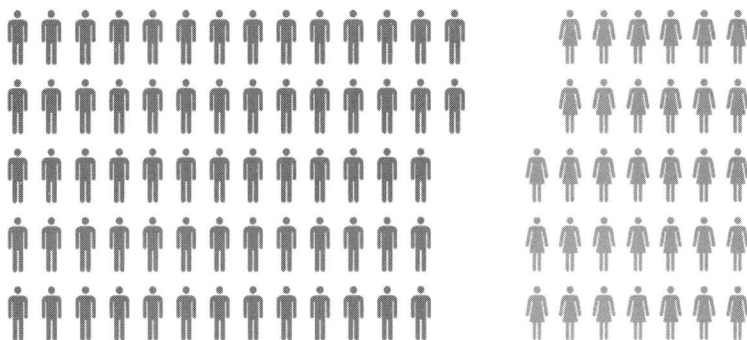

图 2-8　购买牛仔裤的性别占比

- 小年轻
- 青年
- 青壮年
- 中青年
- 中年
- 中老年
- 其他

图 2-9　购买牛仔裤的年龄阶段占比

①访问阿里指数网站（index.1688.com），阿里指数首页如图2-10所示。

图 2-10　阿里指数网站首页

②查看行业信息，了解某类产品在行业内的排行。例如，可以看到最近30天，所选行业"男式T恤"在男装行业中1688采购指数排名第一，如图2-11所示。在其中也可以查看淘宝采购指数和1688采购指数走势图。

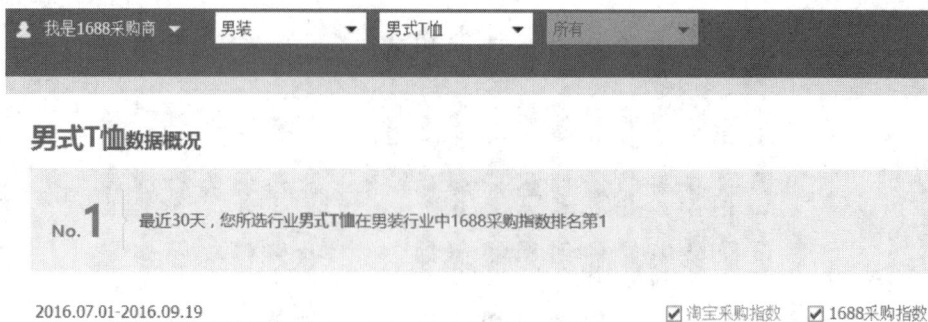

图 2-11　男式 T 恤采购指数排行

③查看属性细分，可以了解到该类产品的热门基础属性。以男式T恤为例，见表2-3。

表2-3　产品热门基础属性

④查看属性细分，了解该类产品的新老采购商、非淘宝/淘宝店主分布比例。

⑤查看阿里排行时，可以查看以下内容，见表2-4。

表2-4 阿里排行概况

排行榜	具体内容
搜索排行榜	统计周期为最近7天或者最近30天，能查看该类产品的上升榜、热搜榜、转化率榜和新词榜的关键词、搜索趋势和搜索指数
产品排行榜	能按交易量或者流量排名，统计周期为最近7天或者最近30天，能查看该类产品的上升榜和热搜榜的产品
公司排行榜	能按交易量或者流量排名，统计周期为最近7天或者最近30天，能查看该类产品的上升榜、热销榜和最新上榜的公司
企业官网排行榜	能按交易量或者流量排名，统计周期为最近7天或者最近30天，能查看该类产品的上升榜、热门榜和新秀榜的公司

做一做

①访问新版阿里指数网站，查看区域指数和行业指数的相关情况，选出3个以上感兴趣的行业。

②通过阿里指数网站了解行业信息、属性细分、阿里排行情况，选出3类以上的细分类目。

活动二 产品定位

1.什么是产品定位

产品定位，是指企业销售什么样的产品来满足目标消费者或目标消费市场的需求，其重点是满足未来潜在顾客的需求。为此要从产品特征、包装、服务等多方面做研究，并顾及竞争对手的情况，采取各种策略，使产品在目标市场富有竞争力。

2.产品定位的步骤

产品定位的主要步骤如下：

①分析本公司与竞争者的产品；

②找出差异性；

③了解目标市场的需求；

④实现差异化。

实现产品定位的考虑因素见表2-5。

3.实现产品定位

（1）分析产品竞争度

以男装为例，具体操作过程如下：

①访问阿里指数网站，单击"阿里排行"，查看男装的热搜榜，单击该栏下面的"导出完整榜单"。

表2-5　产品定位的考虑因素

方　式	详细说明
质　量	提供高品质的产品，如苹果手机、LV包、七匹狼男装
款　式	采用独具特色的款式，如服装、家具、手机等产品，很注重款式的差异化。
功　能	与竞争对手保持不同的产品功能，或者功能更为优化。一些技术含量高、发展快的产品，很注重功能差别化，如手机、机器人等电子机械类产品
顾客群体	如劳力士手表定位于事业有成的高薪人士；法国名牌香水定位于贵妇、时髦女郎、影视明星、青春少女等
使用场合	某些产品特别强调在某种特殊场合下使用，如喜临门酒、双喜牌香烟，在吉利日子好卖

②榜单列出了前50名，在该Excel表右边插入一列，添加列名为“竞争度”。

③单击该列的E3单元格，在Excel最上方空栏处填写“=D3/C3”。

④按住鼠标左键从E3单元格往下拖动到最后一栏，E列的数据将自动填写，如图2-12所示。

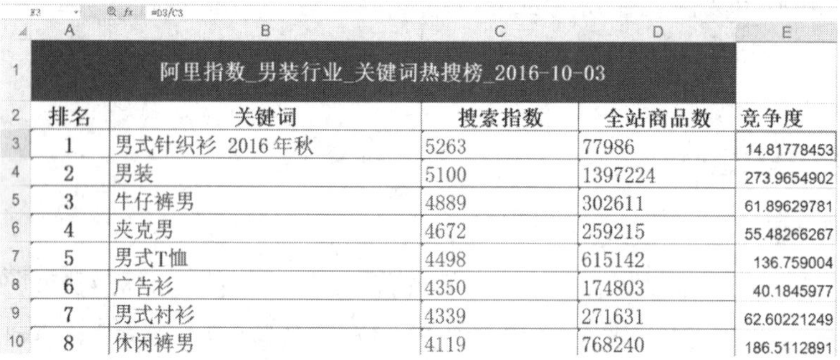

阿里指数_男装行业_关键词热搜榜_2016-10-03

排名	关键词	搜索指数	全站商品数	竞争度
1	男式针织衫 2016年秋	5263	77986	14.81778453
2	男装	5100	1397224	273.9654902
3	牛仔裤男	4889	302611	61.89629781
4	夹克男	4672	259215	55.48266267
5	男式T恤	4498	615142	136.759004
6	广告衫	4350	174803	40.1845977
7	男式衬衫	4339	271631	62.60221249
8	休闲裤男	4119	768240	186.5112891

图 2-12　计算“竞争度”数据

⑤选中所有数据，按“竞争度”的升序排序。

⑥分析竞争度排名，竞争度数据越小，表示竞争没有这么激烈，如图2-13所示。例如，针织衫、男士皮衣、男士休闲套装在热搜榜中竞争度较小。

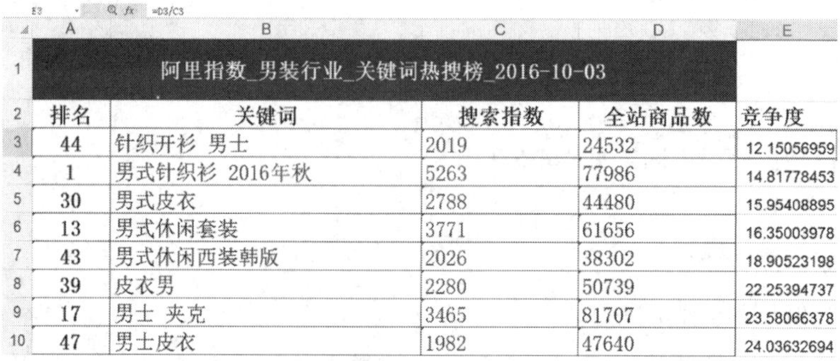

阿里指数_男装行业_关键词热搜榜_2016-10-03

排名	关键词	搜索指数	全站商品数	竞争度
44	针织开衫 男士	2019	24532	12.15056959
1	男式针织衫 2016年秋	5263	77986	14.81778453
30	男式皮衣	2788	44480	15.95408895
13	男式休闲套装	3771	61656	16.35003978
43	男式休闲西装韩版	2026	38302	18.90523198
39	皮衣男	2280	50739	22.25394737
17	男士 夹克	3465	81707	23.58066378
47	男士皮衣	1982	47640	24.03632694

图 2-13　“竞争度”排名

【扫一扫】查看产品竞争度排行的详细过程，请扫描右侧二维码观看操作视频。

竞争度排行

（2）分析个人因素

个人因素主要考虑的内容见表2-6。

表2-6　个人因素

个人因素	产品定位
兴趣爱好	通常销售自己感兴趣的产品。例如：男生对男装、电子类等产品感兴趣；女生对女装、化妆品、食品等感兴趣
对产品的熟悉程度	通常销售自己比较熟悉的产品。例如：男生对男装更熟悉，了解男性消费者的心理、消费习惯、审美观等
个人投资金额	个人投资金额较高，可以销售价格较高的产品；投资金额较低，销售价格较低的产品

4.分析产品趋势

以男装为例，推测未来30天可能热销的产品，具体操作过程如下：

①通过季节分析。例如：5月份，即将进入夏季，天气转热，开始销售短袖T恤、短袖衬衫、短裤；9月份，即将进入秋季，天气转凉，开始销售长袖T恤、长袖衬衫、夹克、休闲套装等。

②通过网站指数分析。例如：访问阿里指数网站，选择查看的产品类别为"男装"类目下的"牛仔裤"，查看该页面下方的热门行业数据和数据解读，如图2-14所示。

图2-14　热门行业分析

小新是一名男生，对服装行业比较了解，对这类产品也比较感兴趣，通过以上多种因素综合分析，小新决定开一家男装店，在10月份开店后的主营产品最终确定为男士针织衫、男士休闲套装、男式卫衣。

做一做

通过综合分析产品竞争度、个人因素和产品趋势等，确定店铺的主营产品。

活动三　寻找进货渠道

想一想

如果你是店主，你会通过哪些途径寻找货源？

日常的进货渠道主要有两种，其一，实体店进货；其二，网店进货。

【扫一扫】实体店进货和网店进货各有优劣势，如需了解相关信息，请扫描左侧的二维码。

实体店和网店进货

1.实体店进货

实体进货主要是指从销售商品和服务的商业市场进货，具体操作步骤如下：

（1）选择店铺

①查询批发商地点。尽量选较近的地方，可节约运输成本。

②看店面。实地查看店面情况，查看产品的质量，判断商家的实力。

③深交流。通过交流了解对方的产品种类、数量和进货价格等。

（2）选择商品

①查看产品质量。挑选时，可以通过触摸、试用了解产品质量，也可以专挑信任品牌的产品。值得注意的是：验证店铺的产品是不是假货。

②挑选热销款式或型号的产品。要考虑目前市场的流行元素，如选服装时，要了解市场热销的款式、颜色和风格等。

③谈价格。可以多查看几家店铺，询问同款产品的价格，了解产品的平均价格，也可以在网上查看同款产品的价格，了解产品的大概价格，再和店主进行谈判。

（3）确定交货

①确定运输费用。一般数量较多由店主免费送货，数量较少由买家自己承担运费。

②确定付款金额。一般需要交定金20%，货送到后再付50%，隔一段时间再付清尾款。

③确定送货时间和地点。根据货源情况和日程安排，确定送货时间，买家要告诉对方交货的详细地址和收货人的联系方式。

做一做

任选一类产品到实体店了解店铺和产品情况。

2.网络进货

网络进货的方式主要有两种：一种是电商平台进货，另一种是分销进货。

（1）电商平台进货

电商平台进货需要先支付货款，现以在阿里巴巴火拼网购进男士衬衫为例，具体操作过程如下：

①打开阿里巴巴火拼网首页，如图2-15所示。

图2-15　阿里巴巴火拼网首页

②输入关键词"男装衬衫"，进入商品列表，如图2-16所示。

图2-16　商品列表

③单击进入选中的产品页面，选择颜色、进货尺码和件数，单击"入伙拼单"按钮，如图2-17所示。

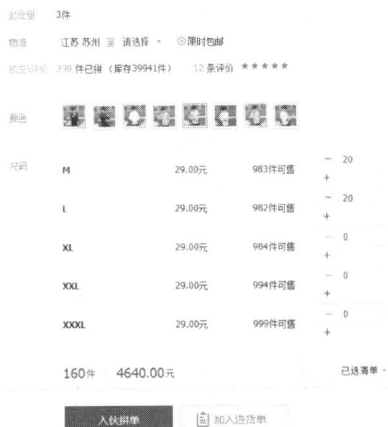

图2-17　产品页面

④填写完收货信息后,再单击"确认收货信息"按钮,如图2-18所示。

图 2-18　填写收货信息

⑤提交订单后支付货款,完成进货交易。

（2）分销进货

分销是建立销售渠道的意思。分销渠道是指某种商品或服务在从生产者向消费者转移的过程中,取得这种商品、服务所有权并帮助所有权转移的企业和个人。分销进货的最大好处是无须支付货款就能得到货源,盈利模式是销货赚差价。以男装为例,具体操作过程如下:

①打开淘宝网,通过导航条进入卖家中心,单击"货源中心"栏目下的"分销管理",如图2-19所示。

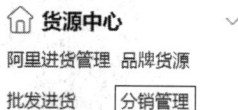

图 2-19　分销管理

②单击"现在就去寻找资源"按钮,如图2-20所示。

图 2-20　寻找资源页面

③挑选货品/商家时,在供销商品对话框输入"男装",勾选"我能合作",单击"确定"按钮,即可筛选出能够合作的供应商。根据个人喜好,可以通过一件代发、批发采购、品牌授权或者直接采购等形式筛选供应商,也可以按照销量、利润或者分销数对供应商进行排名,如图2-21所示。

图 2-21　合作供应商列表

④查看招募书并与商家沟通达成一致后，单击"申请合作"按钮，进入"等待审核"环节，如图2-22所示。审核通过就可以上架销售了。

图 2-22　我发出的申请列表

【提示】由于新店无任何信用记录，在申请合作供应商时成功率不高，往往需要多申请几家合作供应商，从而提高成功率。

做一做

①搜索感兴趣的类目分销商，查看招募书中对店铺的要求，并把要求进行简要记录。

②按照分销进货的方式，选择2~8个满意的供应商，申请成为其分销商。

[任务二]

开设淘宝店

◆ 任务描述

通过市场调研和产品定位后，小新决定开一家男装店，而且还确定了店铺的主营产品和商品的进货渠道，现在准备正式在淘宝网上开店了。小新需要提前准备好资料，然后开通店铺，再对店铺进行基本的设置。现在，我们随小新一起来学习吧！

◆ 任务实施

活动一 开通淘宝店

1.准备资料

①准备好支付宝绑定的手机,用于查看验证短信。

②准备好身份证,个人认证时需上传身份证照片。

2.创建淘宝店铺

①单击淘宝网首页导航条右上方"卖家中心"下的"免费开店",如图2-23所示。如果是先单击"卖家中心",进入页面后可单击左侧导航条中的"我要开店"或右侧导航条中的"马上开店"。

图 2-23 卖家中心

②选择开店的类型为个人店铺,如图2-24所示。

图 2-24 开店条件检测

③看到支付宝实名认证的状态为"不通过",单击"立即认证"按钮。

④填写银行卡信息,再填写身份证信息,上传身份证照片,单击"确定提交"按钮,如图2-25所示。

请上传本人身份证件，确保图标清晰，四角完整

请上传 吴浪（证件号：5***************0）对应的证件照片

证件类型 ⦿ 二代身份证 ◯ 临时身份证

证件图片

证件有效期 2028 年 02 月 13 日 □ 长期

确定提交

图 2-25　上传身份证照片

【提示】上传本人身份证的照片时，要保证字迹清晰，四角完整。

⑤提交资料等待审核通过，如未审核通过，了解未通过原因，重新提交资料。

⑥支付宝实名认证和淘宝开店认证如果都已审核通过，则状态显示为"通过"，单击"下一步"按钮，如图2-26所示。

认证名称	状态	提示	操作
支付宝实名认证	通过		查看
淘宝开店认证	通过		查看

上一步　下一步

图 2-26　认证状态

⑦将弹出"阅读开店协议"界面，阅读协议后单击"确定"按钮，店铺就创建成功了。

做一做

准备好支付宝绑定的手机和身份证，开通自己的淘宝店铺。

活动二　设置店铺

设置店铺的操作步骤如下：

①进入卖家中心，单击左边导航条"店铺管理"下的"店铺基本设置"。

②进入店铺基本设置页面后，填写淘宝店铺的基础信息，再单击"保存"按钮即可完成设置，如图2-27所示。

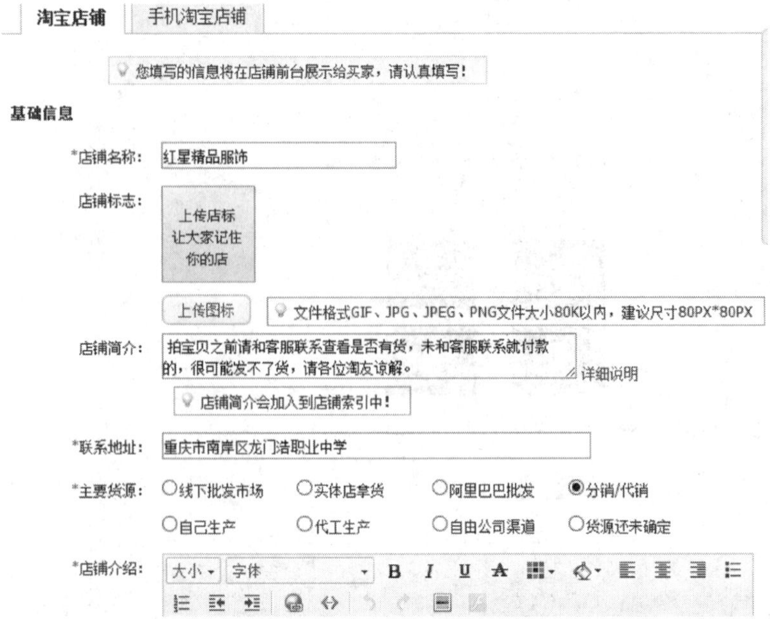

图 2-27　店铺基本设置

活动三　设置物流工具和物流服务

1.开通服务商

①登录淘宝卖家中心。

②单击左侧"物流管理"下的"物流工具"。

③打开右侧的服务商设置,单击"开通服务商"按钮,如图2-28所示。

图 2-28　服务商设置

2.设置运费模版

①单击"运费模版设置"选项卡,再单击"新增运费模版"按钮,如图2-29所示。

②填写新增运费模版相关信息,包括模版名称、发货地址、发货时间、计价方式、运输方式(快递、平邮),还可以单击"为指定地区城市设置运费"设置不同地区和不同城市的邮费,如图2-30所示。

| 服务商设置 | **运费模版设置** | 物流跟踪信息 | 地址库 | 运单模版设置 |

💡 你还没有创建任何模版，单击以下按钮创建

新增运费模版

参考范例：(以下模版仅供参考)

你可以按照宝贝的数量设置模版，一般适用于比较轻的宝贝：

图 2-29 物流工具

模版名称：红星精品服饰　　　　　　　　　　　　　运费计算器
宝贝地址：中国　　　▼ 重庆　　　▼ 重庆市 ▼ 南岸区　　　▼
发货时间：1天内　　　▼ 如实设定宝贝的发货时间，不仅可避免发货咨询和纠纷，还能促进成交！详情
是否包邮：◉ 自定义运费 ○ 卖家承担运费
计价方式：按重量
运送方式：除指定地区外，其余地区的运费采用"默认运费"
☑ 快递

默认运费：1.0　　kg内，10.00　　元，每增加 1.0　　kg，增加运费 5.00　　元

运送到		首重(kg)	首费(元)	续重(kg)	续费(元)	操作
山东、天津、河南、山西、福建、浙江、河北、江西、北京、安徽、内蒙古、广东、湖南、上海、海南、广西、江苏、湖北	编辑	1.0	12.00	1.0	5.00	删除

为指定地区城市设置运费 批量操作

图 2-30 运费模版

③设置是否包邮。可以设置自定义运费，也可以设置为卖家付运费，完成运费模版的设置。

④当发布商品时，选择设置的运费模版即可，如图2-31所示。

2.宝贝物流服务

* 提取方式 ☑ 使用物流配送 □ 使用电子交易凭证 ❓

物流设置 为了提升消费者购物体验，淘宝要求全网商品设置运费模**版**，如何

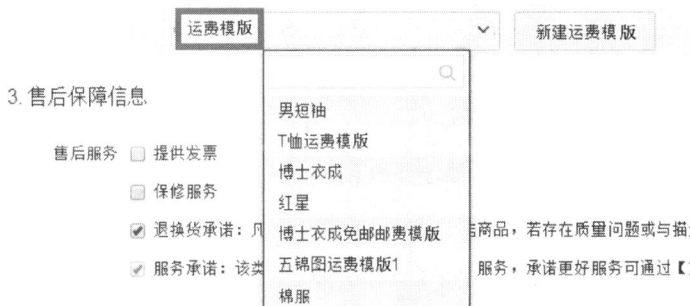

| 运费模版 | ▼ | 新建运费模版 |

🔍

男短袖
T恤运费模版
博士衣成
红星
博士衣成免邮邮费模版
五锦图运费模版1
棉服

3.售后保障信息

售后服务 □ 提供发票
□ 保修服务
☑ 退换货承诺：凡 ... 商品，若存在质量问题或与描
☑ 服务承诺：该类 ... 服务，承诺更好服务可通过【

图 2-31 应用运费模版

3.设置发货地址

单击"地址库"选项卡，填写发货地址相关信息，再单击"保存设置"按钮，如图2-32所示。

图 2-32　地址库

4.设置运单模版

①单击"运单模版设置"选项卡，单击"新建模版"按钮。

②根据开通的服务商，选择相应快递公司的模版。例如：开通的是圆通快递，那么选择圆通快递的运单模版，如图2-33所示。

图 2-33　运单模版设置

5.定制电子面单服务

电子面单服务是由快递公司向商家提供的一种通过热敏纸打印输出纸质物流面单的物流服务，打印速度是打印传统纸质面单的4~6倍，能够提高发货效率。申请电子面单服务的过程如下：

①单击"物流服务"打开电子面单平台，再单击"免费开通"按钮，如图2-34所示。

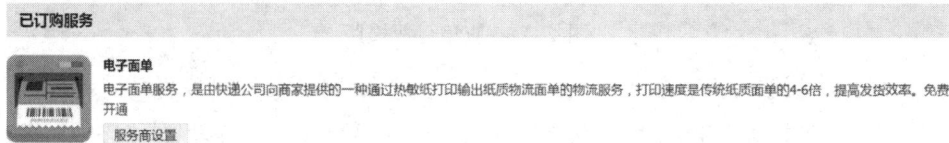

图 2-34　电子面单平台

②选择和运费模版相同的快递公司，单击"申请"按钮，如图2-35所示。

请选择您要开通的运营商

加盟运营商

图 2-35 电子面单平台

③进入开通服务商页面后，单击"管理我的发货地址"，填写发货地址相关信息。

④填写电子面单相关信息，单击"确认"按钮，如图2-36所示。

图 2-36 电子面单平台

⑤提交电子面单，等待快递服务商审核通过即可。

做一做

尝试设置淘宝店铺的物流工具和物流信息。

[任务三]

NO.3

装修淘宝店

◆ **任务描述**

小新已经开设好自己的淘宝店铺，但目前的店铺页面单调，颜色暗沉，对用户毫无吸引力。接下来需要先发布商品,然后再装修店铺,让店铺变得更美观。装修店铺需要设计店铺模块、店铺风格、店铺页面等。

◆ 任务实施

活动一　发布商品

1. 设置和优化标题关键词

（1）设置标题关键词

设置标题关键词的范例见表2-7。

表2-7　标题关键词

关键词	举　例
品牌词（产品名）	三只松鼠、七匹狼、恒源祥、LEE
商品名	皮包、夹克、上衣、休闲鞋、T恤
定位词（对销售群体的定位）	男、女、中老年、少儿、婴幼儿
属性词（产品的特点）	风格词（淑女款）、材质词（纯棉、丝绸）、季节词（秋、夏）、袖长（长袖、短袖）
特点词（产品特点介绍词）	增高、美白、显瘦、宽松
型号词（产品型号）	IPHONE X
附加卖点词	正品、代购、韩版、赠品

（2）优化标题关键词

①分析新老数据,优化主推词。详细分析宝贝已有关键词,点击率高的关键词可以保留,点击率低的关键词可以删除。分析当前的行业热词榜,分析成交指数排名,选择最适合宝贝的热词。选择与宝贝权重比较相符合的长尾精准关键词作为主推词。

②学习同行使用效果较好的关键词。看看同行用过的、效果较好的关键词,分析买家阅读习惯,确定自己宝贝的关键词。

③注意当天排名。在标题优化完的几分钟后,一般就会有效果,注意查看当日的排名情况,确定优化效果。

④数据对比。第二天或第N天的数据与前面的数据做对比,进行总结,看优化的效果是否明显。

⑤监控成交关键词。筛选出宝贝的成交关键词,持续监控成交关键词,部分趋势较好的成交关键词可以重点保留。

2. 发布宝贝

①进入"卖家中心"后，单击"宝贝管理"下的"发布宝贝"。

②选择宝贝类目，如不清楚类目，可在类目搜索里输入类目，单击"快速找到类目"，如图2-37所示。

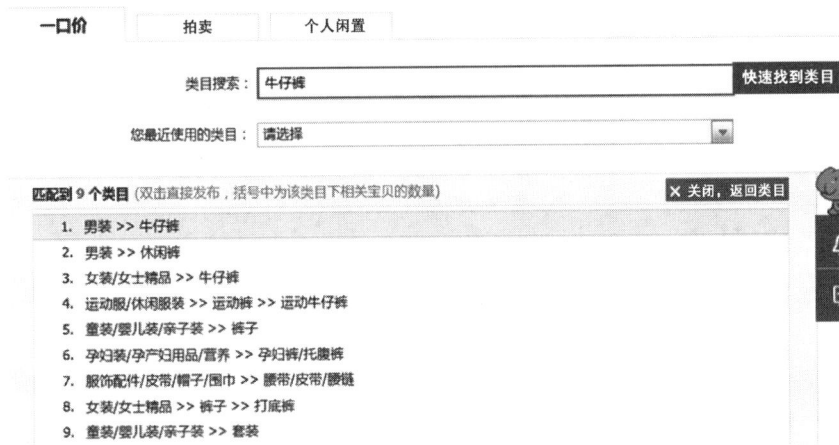

图 2-37　类目搜索

③找到发布的类目后，单击"我已阅读以下规则，现在发布宝贝"。

④填写宝贝基本信息。选择宝贝类型为"全新"，填写宝贝标题，最好要填满30个汉字，带*号项目为必填项目，其他项目为选填项目，如图2-38所示。

图 2-38　填写宝贝基本信息

⑤上传宝贝图片。单击"宝贝主图"，当弹出"图片空间"窗口时，单击"点击上传"选择要上传的图片文件。如果要为图片添加水印，可以在左下角勾选"添加水印"，再进行设置；如果有视频也可添加9秒以内的展示视频，如图2-39所示。

⑥填写宝贝规格。填写宝贝颜色，上传对应颜色的商品图片，再选择尺码。填写宝贝销售规格时，填写各个尺码对应的价格和数量后，一口价及总库存将自动显示出来，如图2-40所示。

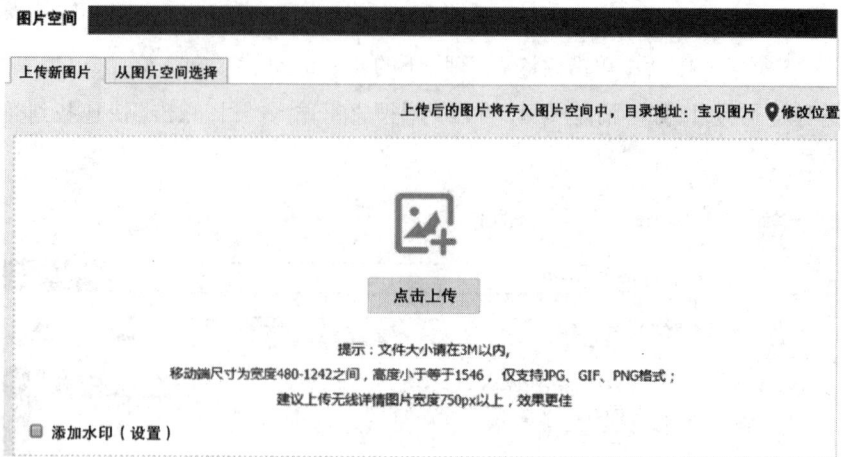

图 2-39　上传宝贝图片

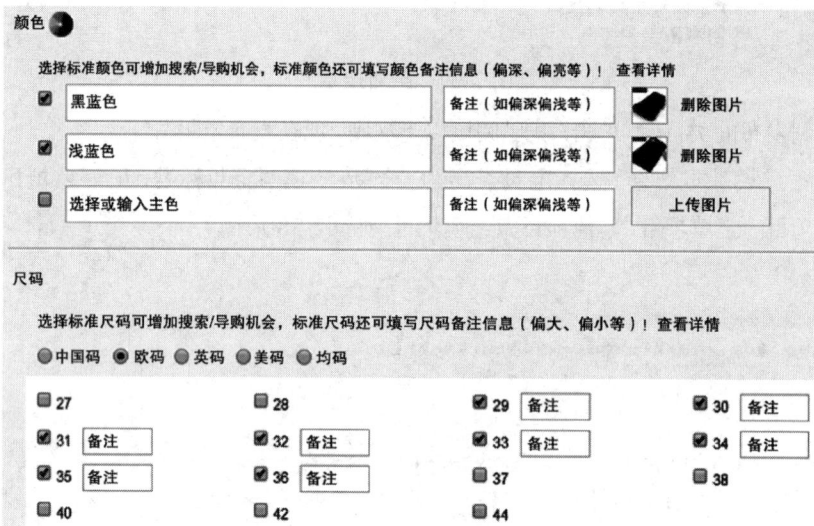

图 2-40　宝贝规格

⑦选择运费模版。填写宝贝物流服务,在提取方式中,选中"使用物流配送",选中运费模版。其他可按默认选项,然后单击"发布"按钮即可完成宝贝的发布。

3.设置宝贝分类

①单击"店铺管理"下的"宝贝分类管理",然后再单击"添加自动分类"。

②如按类目归类,在各类目前面的方框打钩,然后单击"确定"按钮,如图2-41所示,最后单击"保存"按钮完成宝贝分类。

图 2-41 按类目归类

做一做

在淘宝店铺发布10件商品,并对商品进行分类。

活动二 装修店铺

1.选择店铺模版

店铺首页设计主要是设计店铺模块,具体操作步骤如下:

①单击"卖家中心"下的"免费开店",进入店铺后台管理页面。

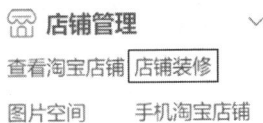

②在左侧选择栏中单击"店铺管理"下的"店铺装修",如图2-42所示。在店铺装修页面左上角,可以单击将店铺升级为"专业版"。

③单击店铺装修页面上方的"模版管理"按钮,选择合适的免费模版,单击"马上使用"按钮即可完成店铺模块的设计,如图2-43所示。

图 2-42

图 2-43 店铺模版

做一做

选择适合自己网店的店铺模版。

2.设计店铺风格

设计店铺风格的重点是选择配色方案，具体操作步骤如下：

①单击装修店铺页面左侧的"配色"，在右侧单击选择喜欢的整体配色方案，如图2-44所示。

②店铺会立即变成所选的配色方案，然后单击右上角"发布站点"按钮，如图2-45所示。

③页面将弹出对话框询问"是否确认发布全部电脑端页面？"，单击"确认发布"按钮即可完成店铺配色的设置，如图2-46所示。

图 2-44　配色设置

图 2-45　配色效果图

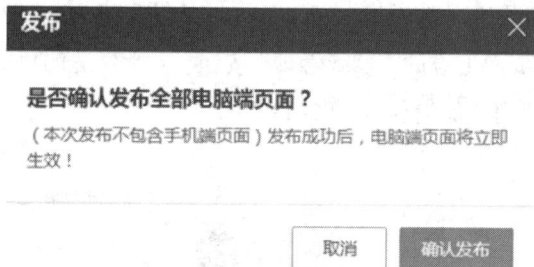

图 2-46　确认发布

阅读有益

在确定店铺配色方案时，主要考虑以下因素，见表2-8。

表2-8　店铺配色方案的考虑因素

考虑因素	举例说明
产品属性	食品类店铺，选择鲜明的色彩更吸引人，如红色；电子产品类店铺，选择简约的颜色更显品质，如黑、白、灰等
消费者属性	从性别上看，女性更喜欢鲜艳的颜色，而男性更喜欢沉稳的颜色；从年龄上看，青少年喜欢简约清爽的色彩，而中老年喜欢温暖喜庆的色彩

做一做

设置自己的网店的店铺风格。

3.设置店铺页头与页面

设置店铺页头与页面的具体操作如下：

单击装修店铺页面左侧的"页头"或"页面"，出现如图2-47和图2-48所示的设置窗口，在其中可以设置页头与页面的背景色，也可以添加背景图片。

图 2-47 页头设置窗口　　　　　图 2-48 页面设置窗口

做一做

装修自己的店铺，将店铺装修完成后效果进行展示，全班进行投票评选。评选标准：整体视觉效果；模块布局；颜色搭配。

4.设计店铺首页模块

进入店铺装修设置页面，单击左侧的"模块"，右侧会出现可供编辑的备选模块，如图2-49所示。

（1）设计店招

店招是店铺呈现的重要模块，需要精心设计，推荐的店招布局如图2-50所示。

①用Photoshop工具制作一个店招，店招的图片大小设置为宽950像素，高120像素。

②进入店铺装修模块，在店招右上角单击"编辑"，如图2-51所示。

图 2-49 模块页面设置

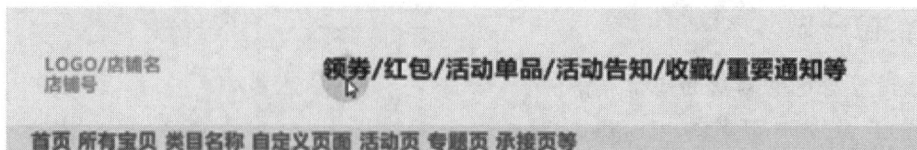

图 2-50　店招布局

图 2-51　设置店招

③在招牌内容的背景图栏目下，单击"选择文件"，然后选择设计好的店招图片即可。

（2）设置图片轮播

图片轮播主要显示在店招下面，图片轮播主要展现店铺推荐产品、店铺活动或者重要公告等，如需设置图片轮播，具体操作步骤如下：

①用Photoshop设计好两张或者三张轮播图片，图片大小设置为宽950像素，高500像素。

②进入店铺装修模块后，单击图片轮播的"编辑"。

③单击图片地址右边的小方块图标，如图2-52所示。

图 2-52　设置图片轮播

④单击"上传新图片"，再单击"添加图片"，找到已设计好的图片上传即可。

（3）设置特价模块

特价模块主要展示店铺推荐的特价商品，具体操作步骤如下：

①单击特价模块的"编辑"，在左侧大图宝贝中选择1件商品。

②在右侧小图宝贝中选择几件商品，然后单击"确定"按钮即可完成设置，如图2-53所示。

（4）设置宝贝推荐模块

宝贝推荐模块主要展示由店主推荐的商品，可以手动设置也可以自动设置，默认情况是自动设置。如需改成手动设置，具体操作步骤如下：

①在宝贝推荐模块右上角，单击"编辑"。

②在宝贝设置栏目下，选择"手工推荐"。

③在需要设置的商品右边单击"推荐"，然后再单击"保存"按钮即可。

图 2-53 设置特价模块

【扫一扫】请扫描右侧二维码观看布局店铺首页的详细过程。

布局店铺首页

做一做

设置自己店铺的首页模块。

[任务四]

NO.4

管理淘宝店

◆ 任务描述

小新装修完店铺后，又遇到了新难题：店铺有很多商品需要上架，如果将商品依次上传，需要花费很多时间。他发现淘宝助理能够实现批量上传商品。另外，小新现在还是一名学生，每天都要上课，不可能一直坐在计算机前管理店铺，而使用千牛卖家软件可以用手机方便地管理店铺。由于小新缺少资金，所以选择了分销模式，分销产品不需要购买商品，减少了资金需求，但也需要管理分销商品。

◆ 任务实施

活动一　使用淘宝助理

淘宝助理是可以上传和管理宝贝的工具,上传宝贝实现批量上架的具体操作步骤如下:

①安装淘宝助理,使用淘宝网的用户名和密码登录。

②单击"创建宝贝",填写宝贝信息(填写信息时带*号的选项必填,其他项选填),如图2-54所示。

图 2-54　填写宝贝信息界面

③填写宝贝描述,字数不能少于5个字符,填写完成后,单击"保存"按钮。

④按照前两个步骤创建所有宝贝。

⑤在"批量编辑"菜单栏下选择"上架处理",选择"开始时间"后单击"保存"按钮,如图2-55所示。

图 2-55　上架处理界面

做一做

使用淘宝助理为店铺上传宝贝，实现批量上架。

活动二　使用千牛卖家软件

千牛卖家软件的全称是"千牛-卖家工作台"，用于管理淘宝店铺。目前该软件有PC版和手机版两种，现以手机版千牛卖家软件为例进行介绍。

下载并安装千牛卖家软件后，使用淘宝网的用户名和密码登录，主界面如图2-56所示。

1.设置首页模块

①向下滑动首页，单击"设置"，选择首页显示模块。

②在显示模块中，单击"添加"，可以在首页添加模块；单击"移除"，可以在首页移除模块，如图2-57所示。

图 2-56　千牛卖家软件的主界面　　　　图 2-57　首页模块设置

2.商品优化

①单击主界面上的"商品管理"，进入商品管理页面后单击"开始体检"进行商品管理优化。

②检测完成后，可单击"一键优化"，也可以进行逐步优化，如图2-58所示。

图 2-58　商品优化

在商品优化过程中，需要支付相关优化费用，在商品管理下的流量优化和店铺管理模块也提供了付费服务，如图2-59所示。

图 2-59　流量优化和店铺管理

3.批量修改商品信息

①单击主界面上的"商品管理"，进入商品管理页面后单击"批量修改"，如图2-60所示。

②批量修改商品信息，如标题、商品价格、库存数量、运费等，如图2-61所示。

图 2-60　"商品管理"版块

图 2-61　批量修改商品信息

4.使用金牌分销

"金牌分销"模块为卖家提供分销商品,具体操作步骤如下:

①在主界面中单击"金牌分销",进入代销货源页面,输入"男 牛仔裤"。

②浏览搜索出来的商品,单击商品查看详情页面,了解商品代销价、快递费用、成交数量和图文详情,以及了解批发商的货描相符、响应速度、发货速度和回头率等信息。

③选出要代销的商品后,单击"传淘宝",如图2-62所示。

④回到主界面,单击"商品管理",进入商品管理页面后,单击"仓库",查找到代销的商品,选中后上架。

男式牛仔裤修身直筒秋季男裤青年休闲秋冬男装长裤子批发一件代发 一件代发

代销价 ￥16.00 - ￥19.00

建议零售价:￥59.00　　　　　　　淘宝同款月销371件

快递 ￥7　　　成交 10.96万条　　　发货 广东广州

☆收藏　　☺旺旺　　旺铺　　代销下单　　传淘宝

图 2-62　选择代销商品

【提示】如果代销商品上架不成功,可查看上架失败的原因进行修改,进入商品的编辑页面后,也可按修改商品状态的方式实现上架。

千牛卖家软件的其他常用模块

● 生意参谋：能提供支付金额、访客数、支付转化率、支付买家数和支付商品件数等实时数据，提供经营报告、流量分析、商品分析、交易分析和来源分析，能查到行业排行的热销店铺榜和热销商品榜等重要数据。

● 营销中心：提供无线领券、天天特价、淘金币活动、淘口令、直通车、优惠券、满就送、买家秀和微淘等功能。

● 交易管理：能提供商品交易的相关数据。

YUEDUYOUYI

做一做

使用手机版千牛软件，选择设置首页可视模块，然后查看常用模块，使用金牌分销功能代销5种商品。

活动三　管理分销商品

1.发布分销产品

申请成为分销商之后，还需要发布分销产品，具体操作步骤如下：

①打开淘宝网，进入"卖家中心"，单击"货源中心"下的"分销管理"。

②进入供销平台后单击"合作中的供应商"或者单击左侧供应商管理中的"我的供应商"，如图2-63所示。

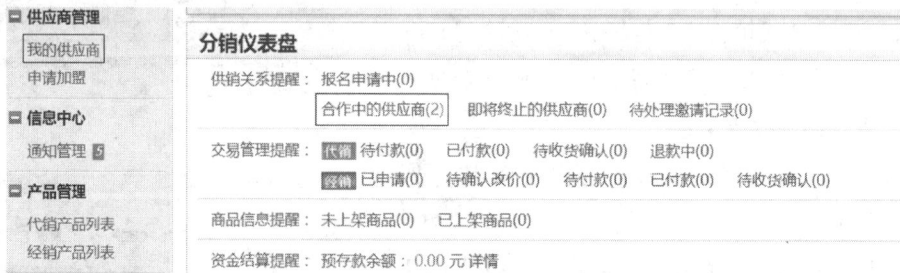

图2-63　分销仪表盘

③单击"代销（产品目录）"，如图2-64所示。

图2-64　代销产品目录

④页面会出现众多可供选择的商品，选择需要分销的商品，单击"发布新宝贝"即可，如图2-65所示。

图 2-65 可分销产品列表

2.管理分销产品

（1）编辑商品信息

发布完分销商品之后，还需编辑商品信息，具体操作步骤如下：

①在分销管理页面中，单击左侧的"我的分销商品"，如图2-66所示。

图 2-66 我的分销商品

②单击"编辑商品"，进入商品编辑选项卡。

● 修改商品定价：勾选需调价的商品，单击"调价"，根据店铺需要选择调价方式，输入调价金额，单击"确定"按钮即可，如图2-67所示。

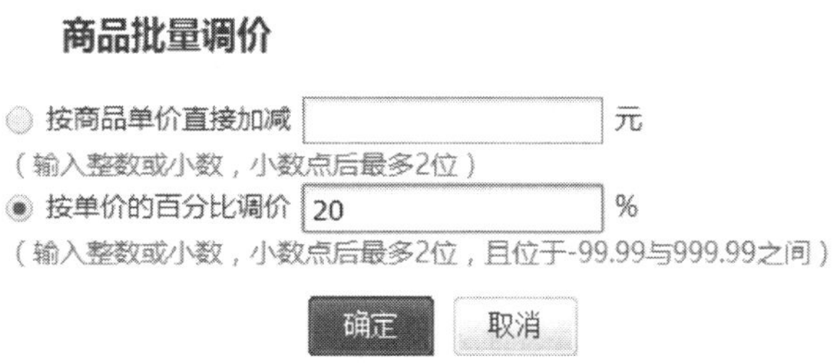

图 2-67 商品批量调价

● 修改商品名称：勾选需修改名称的商品，单击"改名"，选择需要增加（或减少）前缀（或后缀），如批量增加前缀"2016年秋季新款"，如图2-68所示。

商品批量改名

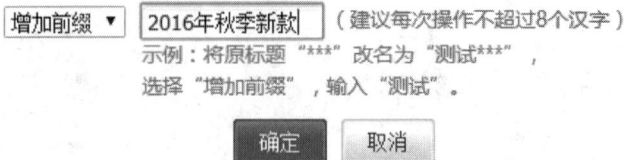

| 增加前缀 ▼ | 2016年秋季新款 | （建议每次操作不超过8个汉字） |

示例：将原标题 "***" 改名为 "测试***"，
选择 "增加前缀"，输入 "测试"。

确定　　取消

图 2-68　商品批量改名

（2）上、下架商品

如需下架商品，单击 "下架"；如需上架商品，单击 "上架"，如图2-69所示。

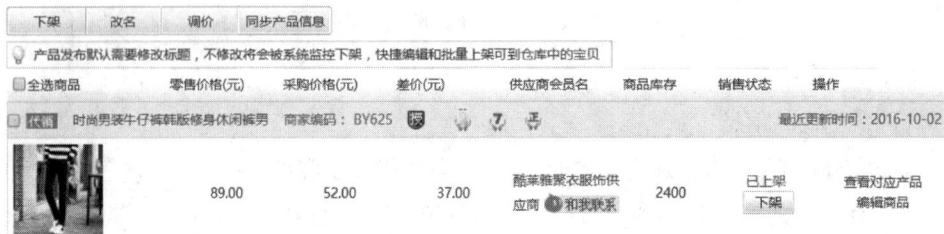

图 2-69　上、下架商品

（3）终止供应商合作

①单击 "供应商管理" 下的 "我的供应商"，在 "合作供应商" 下单击 "终止"，如图2-70所示。

图 2-70　终止供应商合作

②填写 "终止合作协议信息"，设置终止时间，单击 "确认终止" 按钮即可终止与该供应商的合作，如图2-71所示。

供应商信息

供应名称：　酷莱雅聚衣服饰供应商 ❶和我联系

联系人姓名：　郭素

支付宝账户：　13600818065@163.com

电话号码：　0769-33351501

手机号码：　13600818065

合作起始时间：　2016-08-03

授权产品线：　默认产品线
　　　　　　　谁是谁的谁

终止合作协议信息

设置终止时间：*　[1 ▼]　天后结束合作

终止说明：*　[有更合适的供应商]

验证码：　[FDRB]　　**FDR**　看不清楚，再换一张

[确认终止]　[返回]

图 2-71　填写"终止合作协议信息"

◆ 项目小结

学完本项目后，需要注意的是：

1.开店选择热销产品作为主营产品固然重要，但也需要考虑产品的竞争度，如果竞争度太大，销售难度也会比较大。

2.如果开店没有足够的启动资金，可以选择分销或者一件代发的方式，节约经营成本。

3.刚开始装修店铺，可以选择合适的装修模版，让装修更轻松。

4.千牛卖家软件有大量的数据版块，勿全选，选择对店铺最有价值的几个版块进行监控即可。

5.寻找分销供应商时，要仔细查看招募要求，尽量不要找需要代理费的商家合作。

◆ 自我检测

一、单选题

1.适合网上开店的市场调研方法是（　　　）。

A.实地调查　　　　　　　　　　　　B.问卷调查

C.网络调查　　　　　　　　　　　　D.文献调查

2.新版阿里指数的行业指数不能直接（　　）。

A.查看热门类目　　　　　　　　　　B.查看搜索词排名

C.查看商品竞争度　　　　　　　　　D.查看买家概况

3.新版阿里指数的（　　）从行业角度解读行业的现状和发展态势，还能发现热门商品，知晓行业中卖家及买家的概况。

A.市场行情　　　　　　　　　　　　B.企业分析

C.行业指数　　　　　　　　　　　　D.热门行业

4.新版阿里指数的男式T恤的热门基础属性不包括（　　）。

A.适合季节　　　　B.袖长　　　　C.领口形状　　　　D.颜色

5.填写宝贝基本信息的标题时，最多可以填（　　）个字符。

A.30　　　　　　　B.50　　　　　　C.60　　　　　　D.80

二、多选题

1.设置物流工具和物流服务时，能（　　）。

A.设置运费模版　　　　　　　　　　B.开通服务商

C.设置发货地址　　　　　　　　　　D.设置运单模版

2.设计店铺首页模块时，基础模块包括（　　）。

A.宝贝推荐　　　　　　　　　　　　B.宝贝排行

C.图片轮播　　　　　　　　　　　　D.个性分类

3.根据开通的服务商，选择相应的快递公司模版，通常快递的运单模版设置包括（　　）。

A.模版名称　　　　　　　　　　　　B.快递公司

C.发货时间　　　　　　　　　　　　D.模版尺寸

三、填空题

1.新版阿里指数网站的网址是_____。

2.开通淘宝店要准备资料，一是准备好支付宝绑定的_____；二是准备好_____。

3.寻找进货渠道可以从_____、_____两方面考虑。

4.编辑手机端商品描述时，手机端描述选为"使用文本编辑"，单击_____。

四、简答题

1.对产品定位时，需要考虑哪些因素？

2.什么是分销？

3.选择实体店进货的步骤有哪些？

◆ 项目评价

评价项目	评分标准		得　分
市场调研	能陈述	网上市场调研的概念（3分） 网上市场调研的原则（3分） 网上市场调研的主要内容（3分） 网上市场调研的方法（3分）	
	能查看 并分析	新版阿里指数（4分） 旧版阿里指数（4分）	
产品定位	能陈述	产品定位的概念（3分） 产品定位的步骤（3分）	
	能分析	产品竞争度（3分） 个人因素（3分） 产品趋势（3分）	
寻找进货渠道	能陈述	实体店如何进货（3分） 网上如何进货（3分）	
开通淘宝店	能陈述	开店需要准备哪些资料（3分）	
	能创建	淘宝店铺（4分）	
设置店铺	能设置	淘宝店铺（4分）	
设置物流工具和 物流服务	能开通	物流服务商（4分）	
	能设置	运费模版（4分） 发货地址（4分） 运单模版（4分） 电子面单服务（4分）	
发布商品	能发布	商品（3分）	
	能设置	宝贝分类（3分）	
装修店铺	能选择	店铺模版（3分）	
	能设计	店铺风格（3分）	
	能设置	店铺页头与页面（3分）	
	能设计	店铺首页模块（3分）	
使用淘宝助理	能使用	淘宝助理上传宝贝（3分）	
使用千牛卖家软件	能使用	千牛卖家软件管理店铺（3分）	
管理分销商品	发布和管理	分销产品（4分）	
总分（100分）			

项目三
开设移动终端店铺

【项目概述】

随着智能手机越来越普及，淘宝店铺的发展也渐渐从电脑端转向移动终端，卖家越来越重视移动终端店铺的运营，人们也更多地在移动终端完成购物。面对这一趋势，小新也想开设一个移动终端店铺。目前，个人可以开设的移动终端店铺主要有手机淘宝店和微店。

【项目目标】

+ 掌握开设移动终端店铺的流程；

+ 了解移动终端店铺主界面中各个模块的功能；

+ 能开设和装修手机淘宝店铺；

+ 能开通和设置微店；

+ 提升学生对电子商务的学习兴趣。

[任务一]

开设手机淘宝店

◆ 任务描述

移动终端店铺发展非常迅速,哪种移动终端店铺更适合小新开设呢?因为小新已经开设了电脑端的淘宝店,所以开设手机淘宝店会更加容易。

◆ 任务实施

活动一 开通手机淘宝店

开通手机淘宝店的具体操作步骤如下:

①在电脑端打开淘宝网,并登录淘宝账号,单击进入"卖家中心"。

②单击"店铺管理"下的"手机淘宝店铺",如图3-1所示。

③当网站提示是否开通手机淘宝店铺时,选择"是"即可开通。

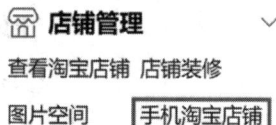

🏪 **店铺管理**   ∨

查看淘宝店铺 店铺装修

图片空间   手机淘宝店铺

图 3-1   手机淘宝店铺

【提示】因为需要对图片进行处理和上传,通过电脑端开设手机淘宝店会更加方便。

🔍 做一做

开通自己的手机淘宝店铺。

活动二 装修手机淘宝店

淘宝网的无线店铺中心主要用于移动终端店铺的管理,其中的模块功能包括无线店铺的装修、活动页推广、微淘、无线视频的管理等,如图3-2所示。

图 3-2　无线店铺中心

1.装修店铺首页

①打开淘宝网，进入"卖家中心"，单击"店铺管理"下的"手机淘宝店铺"。

②在"无线店铺"栏目里单击"立即装修"，然后进入无线运营中心，再单击"店铺首页"，如图3-3所示。

图 3-3　无线运营中心

③进入店铺首页装修页面后，即可开始对店铺首页进行装修。店铺首页装修模块包括宝贝类、图文类、营销互动类和智能类，如图3-4所示。

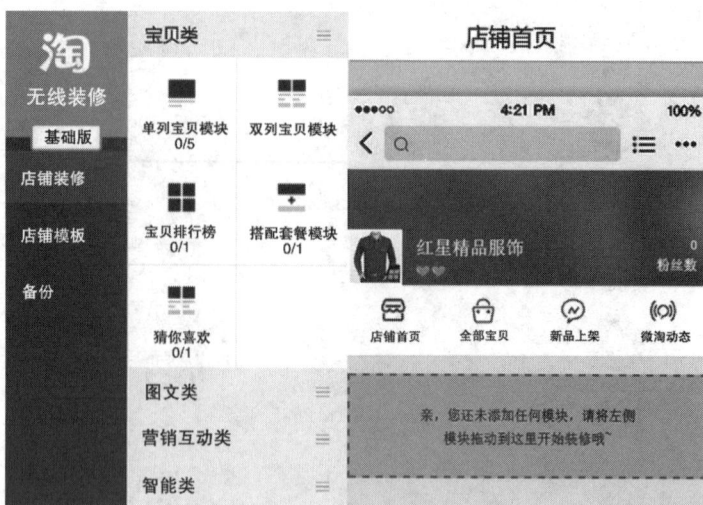

图 3-4　店铺首页装修界面

店铺首页装修

【扫一扫】请扫描左侧二维码观看店铺首页装修的详细过程。

观看完操作视频后，完成以下内容：

①使用装修模版。

②在店铺首页添加单列宝贝模块，编辑相关内容。

③在店铺首页添加双列宝贝模块，编辑相关内容。

④删除不能正常显示的模块。

以上4项操作仅用于练习，练习完成后，再按自己的设计思路完成店铺装修。

2.编辑店铺分类

①在"店铺装修"里找到"店铺分类"，在"宝贝分类"里找到一个类目单击向上箭头或者向下箭头，调整类目的顺序，如图3-5所示。

②在子类目里可以添加类目封面图片，封面图片可以下载封面模版再编辑，也可以自己设计封面，图片宽度不要超过160像素。

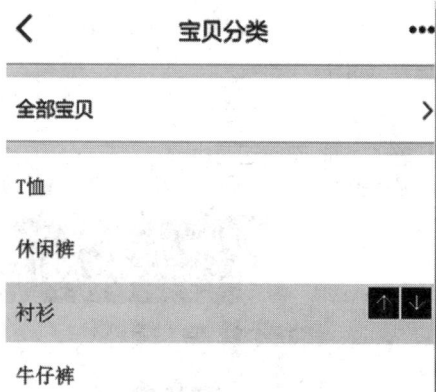

图 3-5　宝贝分类

宝贝分类管理

【扫一扫】请扫描左侧二维码观看宝贝分类管理的详细过程。

观看完操作视频后,完成以下内容:

①调整其中一个类目的上下顺序。

②添加类目封面。

3.编辑店铺搜索

①在"店铺装修"里找到"店铺搜索",然后单击"热门关键词"。

②单击"+关键词"添加热门推荐的关键词"T恤、牛仔裤、短袖",以方便客户在店铺中进行搜索,如图3-6所示。

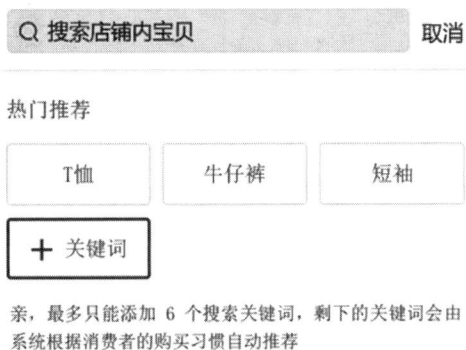

图 3-6 店铺搜索

4.编辑自定义菜单

①在"店铺装修"里找到"自定义菜单",单击"编辑"。

②填写模版名称"精品服饰",在"宝贝分类"中添加子菜单,填写子菜单名称"热销产品",在宝贝分类中选择"销量最高",单击"确定"按钮。

③在"联系卖家"中添加子菜单,选择动作名称为"电话",填写子菜单名称为"手机联系方式",然后填写电话号码。

④在"联系卖家"中添加子菜单,选择动作名称为"旺旺客服",填写子菜单名称为"旺旺客服",然后填写旺旺号。

【扫一扫】请扫描右侧二维码观看编辑自定义菜单的详细过程。

编辑自定义菜单

观看完操作视频后,完成以下内容:

①在"联系卖家"中添加一个子菜单"联系方式"。

②在"联系卖家"中直接添加动作,填写电话号码。

5.制作手机海报

手机海报主要用于新品宣传和活动促销等,界面如图3-7所示。

手机海报   管理我的模板 | 查看数据 | 帮助教程

图 3-7　制作手机海报

【扫一扫】请扫描左侧二维码观看制作手机海报的详细过程。

制作手机海报

观看完操作视频后,采用一个免费模版制作"双十二"的手机海报,完成以下内容:

①更换模版里的所有产品图片。

②修改页面背景音乐。

6.制作自定义页面

自定义页面主要是针对有一定美工基础的店主,可以自己设计页面的风格,能实现宝贝类、图文类和营销互动类的模块设计。

【扫一扫】请扫描左侧二维码观看制作自定义页面的详细过程。

制作自定义页面

观看完操作视频后,制作一个自定义页面,完成以下内容:

①添加一个单列宝贝模块。

②添加一个双列宝贝模块。

③添加一个宝贝排行榜。

④添加一个电话模块。

阅读有益

装修市场提供了大量的针对各类产品的各种装修风格的收费模版,如图3-8所示。

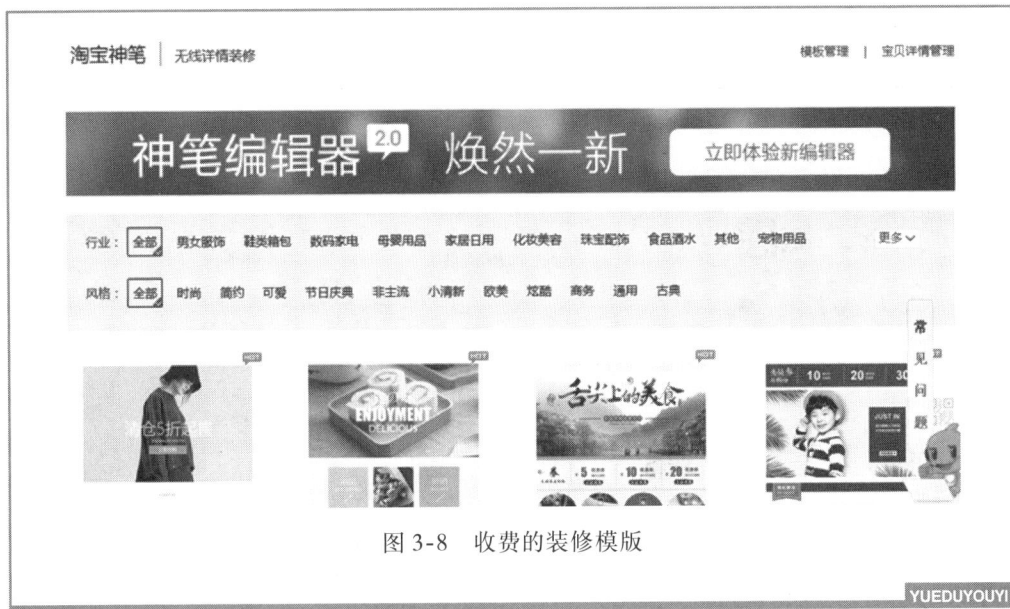

图 3-8   收费的装修模版

【扫一扫】对于美工基础比较差的店主，淘宝提供了一键智能装修功能，如需了解智能装修更多详情，请扫描右侧的二维码。

智能装修

［任务二］

NO.2

开设微店

◆ 任务描述

随着微信用户数量的增长，微商也变得越来越多。小新喜欢用微信朋友圈发商品图片，但朋友圈只能对商品进行展示，却不能进行交易。如今，微店为微信用户提供了购物平台，用户可以通过微信平台进入微店浏览和购买商品，微店成为了许多微信用户购物的选择。

◆ 任务实施

活动一   开通微店

开通微店的具体操作步骤如下：

①用手机下载微店APP，打开后单击"注册"按钮，如图3-9所示。

②选择所在的国家和地区，并填写手机号，如图3-10所示。

图 3-9　注册微店

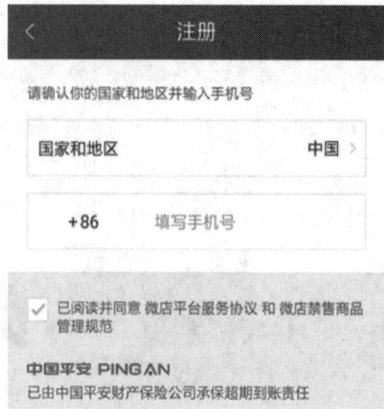

图 3-10　填写手机号

③设置登录密码，再单击"下一步"按钮，如图3-11所示。

④创建微店，填写店铺名称，上传店铺Logo图片，如图3-12所示。

图 3-11　设置登录密码

图 3-12　创建店铺

⑤编辑生意档案，内容包括性别、年龄范围、是否全职经营网店、身份特征、是否有货源、主营类目、常住地址，编辑完后单击"提交"按钮，如图3-13所示。

⑥在微信中单击"立即点亮微店"按钮，在微信中将显示微店图标，完成微店的创建，如图3-14所示。

图 3-13　编辑生意档案

图 3-14　点亮微店

活动二　设置微店

1.设置微店管理

设置微店管理的具体操作步骤如下：

①注册完成后，单击"开启微店"进入微店主界面，如图3-15所示。

图 3-15　微店主界面

②单击"微店"进行设置，如图3-16所示。

③单击"红星精品服饰"，填写微店信息，如图3-17所示。

④在微店设置界面，单击"店铺装修"，可以选择喜欢的店铺模版。

图 3-16　微店设置界面

图 3-17　微店信息

⑤在微店设置界面，单击"店铺公告"，可以填写店铺公告信息，如"新店开张""所有商品均为正品""商品打九折""欢迎大家选购，我们将竭诚为您服务"等。

⑥在微店设置界面，单击"运费设置"，单击添加指定地区的运费，按指定地区设置运费，如图3-18所示。

⑦在微店设置界面，单击"身份认证"和"证件认证"，填写相关信息。

图 3-18　运费模版

阅读有益

　　单击微店设置界面下方的"预览"可以浏览店铺，单击"二维码"可以呈现店铺的二维码，单击"复制链接"可以复制店铺名称和链接，单击"分享"可以将店铺分享到朋友圈、微信好友、QQ空间、QQ好友、新浪微博等。

YUEDUYOUYI

2.设置商品管理

　　设置商品管理能显示出"出售中""已下架""分类"的商品，在"分类"一栏中可以新建分类和编辑分类，具体操作步骤如下：

①在微店主界面单击"商品",进入商品管理界面,如图3-19所示。

②单击"添加新商品",添加商品图片和商品描述,商品描述内容应为商品的详细信息,如图3-20所示。

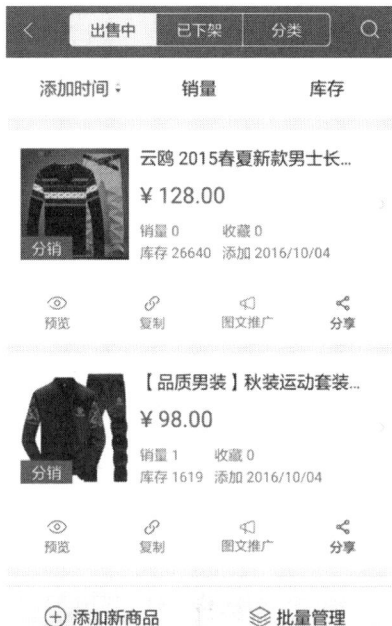

图 3-19 商品管理界面

图 3-20 编辑商品信息

③填写型号,如深蓝色常规款。

④填写价格和库存数量后,单击右上角的"完成"即完成了商品的设置。

3.设置货源管理

货源管理页面为卖家提供分销商品的进货渠道,实现进货零成本,货源管理的具体操作步骤如下:

①单击"货源",进入货源中心,如图3-21所示。在"优选商品"的搜索栏中输入需要进货的商品名,单击"搜索"。

②找到想要代理的商品,重点关注:商品的品牌知名度、材质、款式、评价;从消费者的角度考虑:供应商价格是否过高;能获得的利润在本行业内是否恰当。

③确定需要代理的商品后,单击"我要代理"。

④单击"编辑",对商品进行改价和分类。

⑤单击"分享",发到朋友圈、微信好友、QQ空间、QQ好友、新浪微博等。

⑥可选择更多的同类商品进行分销。

如果需要修改已有的设置,可单击主界面右下角的"设置",进入设置界面进行修改,界面如图3-22所示。

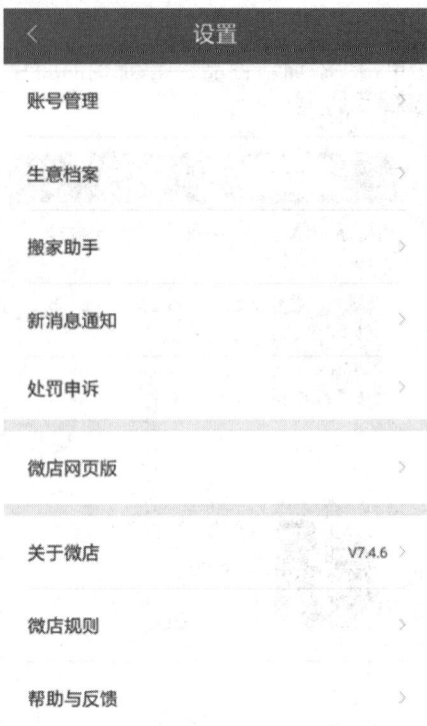

图 3-21 货源中心　　　　　　　图 3-22 设置界面

◆ 项目小结

学完本项目后,应注意的是:

1.店铺装修很重要,除了可以自己设计店铺,还可以通过模版来帮助设计,也可以通过智能装修快速美化店铺。

2.装修店铺首页主要是实现宝贝类、图文类、营销互动类和智能类的模块设计,但不是每个模块都能进行设置和显示,部分模块设置需要一定条件。

3.微店弥补了朋友圈不能交易商品的缺陷,将朋友圈和微店结合起来,营销的效果会更好。

◆ 自我检测

一、单选题

1.移动终端店铺不适用以下哪个设备?(　　　　)

　A. 手机　　　　　　　B. 平板电脑　　　　　C. iPad　　　　　　D.笔记本电脑

2.以下哪一项是"双十一"活动时最常用的模块?(　　　　)

　A.店铺动态　　　　　B.手机海报　　　　　C.VIP设置　　　　　D.无线概况

3.VIP设置可以根据交易额或者交易次数设置会员折扣,最多可以按(　　　　　)个等级来设置不同的会员折扣。

　　A.1　　　　　　　　　B.2　　　　　　　　　C.3　　　　　　　　　D.4

4.(　　　)可以帮助没有美工基础的店主装修店铺,能实现高效极速装修和智能运营。

　　A.淘宝基础版　　　　　　　　　　　B.淘宝专业版

　　C.淘宝智能装修版　　　　　　　　　D.淘宝手机版

5.微店货源管理不能实现哪一项功能?(　　　　　)

　　A.分销管理　　　　　　　　　　　　B.自己进货

　　C.分享商品信息至朋友圈　　　　　　D.修改商品价格

二、填空题

1.需要装修手机淘宝店时,可以在电脑端打开淘宝网,并登录淘宝账号,先进入_____,然后在左边导航栏找到_____单击进入。

2.店铺分类可以实现部分宝贝分类管理功能,可以调整_____,也可以添加_____。

3.“微客多”平台可以快速吸引目标客户,但入驻要求是需要开通_____,店铺商品在架数不小于_____件,设置店铺_____。

4.微店主界面左下角的信息中心可以查看_____、_____、_____、_____。

三、简答题

1.手机海报主要应用于哪些活动?

2.开设手机淘宝店和微店各有哪些优势?

四、实操题

1.开设一个手机淘宝店,类目不限,并完成店铺首页装修,至少发布一个店铺活动,手机店铺至少有10件商品,对店铺产品进行分类,对店铺搜索加3个关键词,设置好自定义菜单。完成后发布,并用手机浏览自己的店铺。

2.开设一个微店,自己选择微店的主营产品,完成微店的店铺装修,设置运费模版,在微信中点亮微店,发布5件商品,在货源管理页面代理20件商品,添加“满38元可领5元店铺优惠券”和“选择3件商品限时折扣9折”的店铺公告,将店铺促销信息分享到朋友圈。

◆ 项目评价

评价项目		评分标准	得　分
手机淘宝店	能开通	手机淘宝店铺（5分）	
	能设置	店铺首页（10分） 店铺动态（5分） 店铺活动（10分） 店铺分类（10分） 店铺搜索（5分） 自定义菜单（10分）	
微店	能开通	微店（10分）	
	能设置	微店管理（10分） 商品管理（10分） 货源管理（10分）	
	能修改	设置（5分）	
总分（100分）			

项目四
开展网络营销

【项目概述】

小新的网店已开张数日，但是店铺的点击率不高，成交量就更少了。为此小新很着急，他向其他网店店主请教，店主们告诉小新，要想提升网店的成交量还需要开展网络营销。网络营销该怎么做呢？小新决定学习网络营销的基本知识，并掌握网络营销的具体方法，从而提高店铺的销量。

【项目目标】

+ 了解网络营销的概念、特点和目的；

+ 了解常见的网络营销推广方法；

+ 了解网络营销策略；

+ 能开展搜索引擎营销；

+ 能使用网站工具营销；

+ 能发布信息推广店铺和产品；

+ 能开展即时通信工具营销；

+ 能开展活动策划；

+ 培养学生的网络营销意识。

[任务一]

认识网络营销

◆ 任务描述

　　要想开展网络营销，需要了解网络营销的概念、特点、目的、优势等基本知识，还需要掌握常见的网络营销推广方法，小新决定先从这些方面开始学习。

◆ 任务实施

活动一　了解网络营销

1.什么是网络营销

　　网络营销是建立在互联网基础之上，更有效地满足顾客的需求和愿望，从而实现企业营销目标的一种手段。网络营销不是网上销售，不等于网站推广，它是手段而不是目的，它不局限于网上，也不等于电子商务，它不是孤立存在的，不能脱离一般营销环境而存在，它应该被看作是传统营销理论在互联网环境中的应用和发展。关于网络营销的说明见表4-1。

表4-1　网络营销的说明

定义的说明	具体说明
不是孤立存在的	企业整体营销战略的一个组成部分
不等于网上销售	网络营销是以最终实现产品销售、提升品牌形象为目的而进行的活动；网上销售是网络营销产生的结果
不等于电子商务	电子商务中的一个重要环节，尤其是在交易发生前，网络营销发挥着主要的信息传递作用

2.网络营销的特点

（1）跨时空

　　营销的最终目的是占有市场份额，由于互联网能够超越时间约束和空间限制进行信息交换，使得企业有更多时间和更大的空间进行营销，可每周7天，每天24小时随时随地提供全球性营销服务。

（2）多媒体

在互联网中可以传输多种媒体的信息，如文字、声音、图像等，使得为达成交易进行的信息交换能以多种形式存在和交换，可以充分发挥营销人员的创造性和能动性。

（3）交互式

在互联网中，通过展示商品图像，提供商品信息资料库的查询，来实现供需互动与双向沟通。互联网上还可以进行产品测试与消费者满意度调查等活动，为产品联合设计、商品信息发布，以及各项技术服务提供帮助。

（4）个性化

互联网上的促销是理性的、消费者主导的、非强迫性的、循序渐进式的，而且是一种低成本与人性化的促销，避免了推销员强势推销的干扰，并通过信息提供与交互式交谈，与消费者建立长期良好的关系。

（5）高效性

互联网上有海量的信息，通过对这些信息进行分析，能够较快地了解消费者最新的需求，并及时调整产品和营销策略。

（6）经济性

通过互联网进行信息交换，代替以前的实物交换，一方面可以减少印刷与邮递来宣传成本，可以无店面销售，免交租金，节约水电费与人工成本；另一方面可以减少由于迂回多次交换带来的损耗。

3.网络营销的目的

网络营销的目的如下：

①增加商品的曝光率。

②宣传企业品牌形象。

③吸收新客户。

④增加客户黏性。

⑤提高店铺的转化率。

4.网络营销的主要优势

网络营销的主要优势见表4-2。

表4-2　网络营销的优势

主要优势	具体说明
成本较低	网络媒介具有传播范围广、速度快、无地域限制、无时间约束、内容详尽、多媒体传送、形象生动、双向交流、反馈迅速等特点，可以有效降低企业营销信息传播的成本
无店面租金成本	网络销售无店面租金成本

续表

主要优势	具体说明
覆盖全球	互联网覆盖全球，通过它，企业可方便快捷地进入任何一国的市场
互动传播	网络营销具有交互性和纵深性，它不同于传统媒体的信息单向传播，而是信息互动传播
周期较短	营销内容制作周期较短
多维度	能将文字、图像和声音有机地组合在一起，传递多感官的信息，让顾客如身临其境般感受商品或服务
能建立完整的用户数据库	更具有针对性，通过提供众多的免费服务，网站一般都能建立完整的用户数据库，包括用户的地域分布、年龄、性别、收入、职业、婚姻状况、爱好等
关注度高	网上用户群体庞大，移动网络用户关注度高

活动二 了解网络营销推广方法

（1）搜索引擎推广

搜索引擎推广是通过搜索引擎优化，搜索引擎排名以及研究关键词的流行程度和相关性在搜索引擎的结果页面取得较高排名的营销手段。搜索引擎优化对网站的排名至关重要，当客户在搜索引擎中查找相关产品或者服务的时候，通过专业的搜索引擎优化的页面通常可以取得较高的排名。

（2）即时通信工具推广

即时通信工具推广是利用互联网即时聊天工具进行推广宣传的营销方式，最常见的即时聊天工具有QQ、微信和阿里旺旺等。推广方式主要有两种：一是在实时交流过程中，介绍店销式产品的相关信息，进行宣传；二是直接发送产品信息或促销信息等广告内容。

（3）发布信息推广

发布信息推广是在各类网站上发布产品信息或者促销信息，进行宣传推广，以引起网上用户的关注。适用发布此类信息的网站包括网店（淘宝网店）、分类信息网（赶集网、58同城等）、论坛（淘宝论坛、新浪论坛、天涯论坛等）、博客网站（新浪博客、网易博客等）、行业网站等。

（4）电子邮件推广

电子邮件推广是以发布内容为产品信息、促销信息、会员福利、电子杂志等的电子邮件，进行宣传推广。

（5）网络广告推广

网络广告推广是通过在各类网站的各种位置投放网络广告，进行宣传推广。网络广告的常见形式包括BANNER广告（图4-1）、关键词广告、分类广告、赞助式广告等。

图 4-1　BANNER 广告

（6）资源合作推广

资源合作推广是通过网站间交换链接、交换广告、内容合作、用户资源合作等方式，在具有类似目标网站之间实现互相推广的目的。其中最常用的资源合作方式为网站链接交换，利用合作伙伴之间网站访问量的资源合作互相推广。如在58同城网中，放有其他合作网站的链接，如图4-2所示。

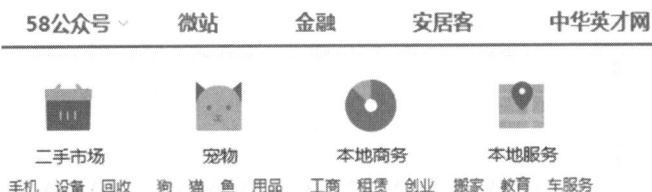

图 4-2　交换网站链接

想一想

根据自己所开设的店铺，选择两种网络营销推广方法，并说明其理由。

[任务二]

开展常见的网络推广

◆ 任务描述

在学习了网络营销推广方法以后，小新决定马上为自己的男装店开展网络营销，他准备采用搜索引擎营销、使用站内工具、发布信息、即时通信工具营销这4种方式。

◆ 任务实施

活动一 开展搜索引擎营销

影响淘宝搜索引擎排名的主要因素见表4-3。

表4-3 影响商品搜索引擎排名的因素

因 素	影响说明	执行建议
橱窗推荐	橱窗推荐的宝贝排名优先	自动橱窗工具
单品销量增速	增速稳定是关键	销量切勿暴增暴降
关键词转化率	搜索转化率起决定性因素	一定要重视搜索转化
在线商品成交率	转化率起重要作用	只要上架的商品都要尽量实现销售
主营占比	占比越高店铺相关性越好	不要轻易换类目
宝贝与描述相符	动态评分	真实描述商品
卖家发货速度	动态评分	尽快发货
平均退款速度	速度越快越好	尽快退货
单品浏览量	浏览量影响着宝贝转化率	不必在意被刷流量
单品销量	销量是指额度而非笔数	打造畅销款
单品熟客率（回头客）	回头客越多权重越高	老客户维护
单品日均页面浏览量	浏览量影响着宝贝转化率	不必在意被刷流量

其他影响因素还包括：30天处罚率、最优类目、最全属性、上下架时间、标题相关、全店搜索流量转化率、全店熟客量、全店熟客率、全店成交转化率等。

淘宝搜索引擎营销是指基于搜索引擎平台的网络营销，本活动的重点是学习如何提高商品在淘宝网上的搜索排名。

1.优化商品关键词

通过访问阿里指数网站，尽量选择上升榜、热搜榜、转化率榜和新词榜排名靠前的关键词以及竞争度较小的关键词（了解该类产品的热搜关键词，请参考项目二任务一的"市场调研"内容；了解该类产品的竞争度小的关键词，请参考项目二任务一的"产品定位"内容）。具体的操作步骤如下：

①在网站地址栏输入https://index.1688.com打开阿里指数网站，单击"阿里排行"。

②在左侧搜索栏输入"牛仔裤"，查看搜索排行榜，根据产品特点，可选择上升榜里排名靠前的"男士破洞牛仔裤"，选择热搜榜排名靠前的"男式牛仔裤"，如图4-3所示。

③然后将选择好的两个关键词组合成"男式破洞牛仔裤"。

④再选择转化率榜和新词榜排名靠前的关键词，选择竞争度较小的关键词，综合产品的重要特点和属性，组合成一个标题。

图 4-3　阿里指数

优化关键词后，我们还需要检验关键词的优化效果，可以从两个方面来查看：

● 查看当天排名：在标题优化完的几分钟后，注意查看当前的搜索排名。

● 数据分析：在淘宝网，可以进入"卖家中心"，再单击"营销中心"栏目下的"生意参谋"，查看第二天或第N天的流量、收藏和交易的数据变化情况，了解优化的效果。

2.安排合理时间发布商品

发布商品时，最好分批、分时间段发布，商品的上架时间设置为7天。淘宝商品的默认排名是按时间顺序来排列的，离结束时间越短排名越靠前。合理的发布时间安排见表4-4。

表4-4　合理的发布时间商品

商品数量	发布时间安排
数量少	每隔3~10天发布一次商品，可以安排在上午12点、下午7点、晚上11点访问量大的时间点开始发布
数量多	每隔1~3天发布一次商品，也可以每隔几小时发布一次

3.将商品加入掌柜推荐

将商品加入掌柜推荐后，可以提高商品在搜索页面的排名。具体操作步骤如下：

①进入淘宝的"卖家中心"，在左侧"营销中心"中单击"心选"，如图4-4所示。

②单击"新建计划"按钮，如图4-5所示。

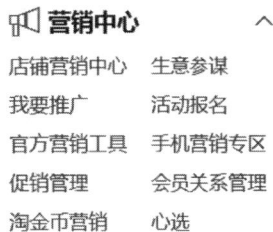

图 4-4　营销中心

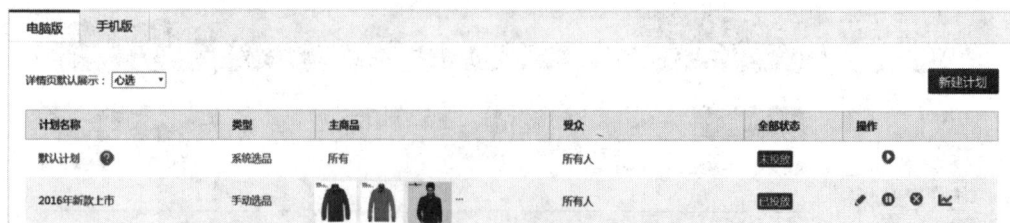

图 4-5　新建计划

③填写计划内容，如图4-6所示。

图 4-6　填写计划内容

④掌柜推荐下的商品需复制商品链接，所以要返回店铺，在"宝贝管理"下单击"出售中的宝贝"，单击"复制链接"，如图4-7所示。

图 4-7　复制宝贝链接

⑤在"商品链接"栏中粘贴刚复制的链接，单击"获取信息"按钮，如图4-8所示。

图 4-8　获取信息

⑥设置完成后，单击"发布"按钮，如图4-9所示。

图 4-9　发布计划

⑦可以看到"全部状态"下显示为"已投放"，即完成设置，如图4-10所示。

图 4-10　投放成功

4.将商品加入橱窗推荐

将商品加入橱窗推荐后，也可以提高商品在搜索页面的排名。橱窗推荐的商品有排名顺序，离结束时间越近的商品在搜索页面排名越靠前。具体操作步骤如下：

图 4-11　单击"出售中的宝贝"

①进入淘宝的"卖家中心"，在左侧"宝贝管理"中单击"出售中的宝贝"，如图4-11所示。

②勾选需要推荐的宝贝，在页面最下方单击"橱窗推荐"，如图4-12所示。

图 4-12　橱窗推荐

③在页面最顶部，如果出现"设置橱窗推荐成功"的字样，表示设置成功，如图4-13所示。

图 4-13　橱窗推荐设置成功

做一做

为自己的网店开展搜索引擎营销,内容要求:优化淘宝店铺名称、优化商品名称、安排合适的时间发布商品、将商品加入掌柜推荐和橱窗推荐。

活动二 使用站内工具营销

1.使用淘宝营销工具

(1)使用"商品优惠"工具

使用"商品优惠"工具,可以让顾客免费获得优惠券,从而吸引他们完成下单。具体的操作步骤如下:

①进入淘宝的"卖家中心",单击"店铺营销中心",可查看到常见的营销工具,如图4-14所示。

图 4-14 淘宝常见的营销工具

②单击"商品优惠",填写活动名称、面值等相关信息,单击"下一步"按钮,如图4-15所示。

③确认投放渠道以后,单击"保存"按钮,如图4-16所示。

④在弹出的提示对话框中单击"确定"按钮即可完成发布,如图4-17所示。

(2)发微淘

微淘是手机淘宝推广店铺的重要手段,卖家通过给用户发送微淘产生的链接,或者让顾客扫描二维码图片,获取热卖产品信息、新品信息、优惠券等,让顾客获得更好的购买体验。

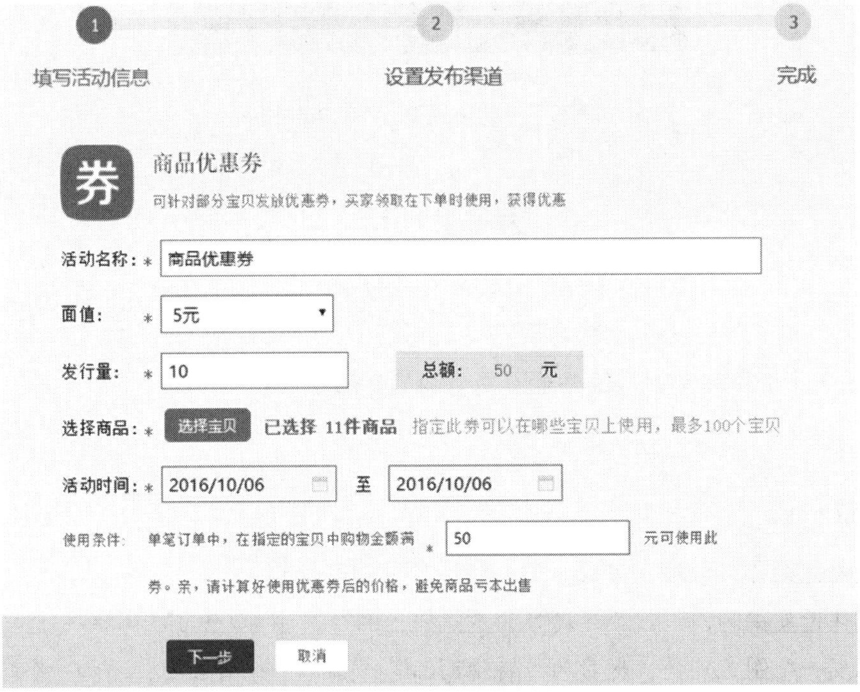

图 4-15　创建活动信息

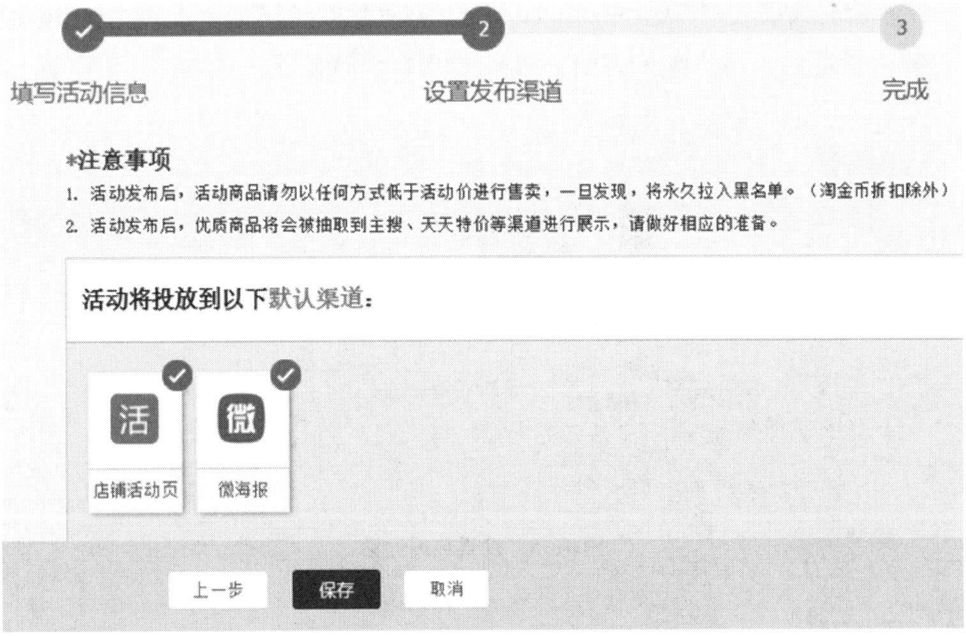

图 4-16　保存活动信息

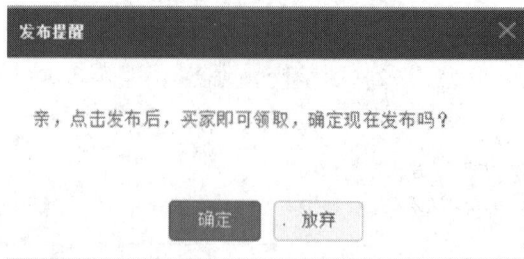

图 4-17　完成发布

【扫一扫】请扫描左侧二维码观看发微淘的详细过程。

发微淘

做一做

观看完操作视频后，完成以下内容：

①快速发微淘，广播描述题目为"热销产品"，添加4个宝贝商品。

②发一个图文广播，题目为"特价商品"，添加一个封面图，添加一个宝贝。

（3）设置热门促销

设置热门促销能实现商品的限时打折，需要填写的内容包括活动图片、热门促销标题、卖点介绍、活动时间，并选择参加活动的商品，如图4-18所示。

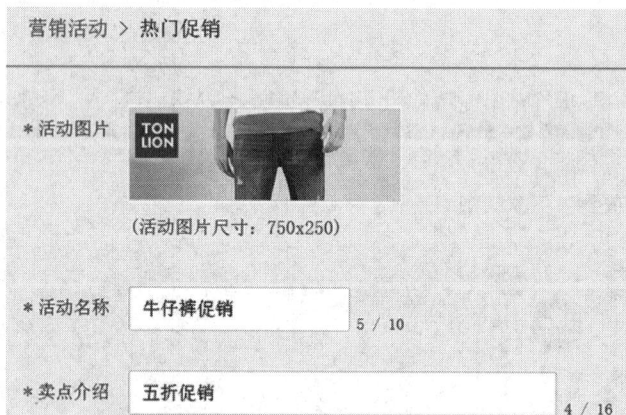

营销活动 > 热门促销

* 活动图片

（活动图片尺寸：750x250）

* 活动名称　牛仔裤促销　5 / 10

* 卖点介绍　五折促销　4 / 16

图 4-18　设置热门促销

做一做

观看完操作视频后，完成以下内容：

①上传活动图片，填写热门促销标题。

②填写卖点介绍为"六折促销"，活动时间设置为3天，并选择参加活动的商品。

（4）码上淘

使用码上淘可以制作和管理二维码，二维码可显示商品介绍、商品评论、商品价格、商品资讯等信息，也可以链接到店铺的页面。

【扫一扫】请扫描右侧二维码观看使用码上淘的详细过程。

使用码上淘

做一做

观看完操作视频后，完成以下内容：

①通过宝贝创建二维码，关联推广渠道、商品包装和物流包裹。

②通过链接创建二维码，链接手机海报。

③设计一个店铺广告，将链接手机海报的二维码插入到店铺广告中，再把广告发布到朋友圈、QQ空间、微博、博客、贴吧和论坛。

阅读有益

淘宝的"我的互动"版块提供了官方互动营销工具，包括买家秀、天天特价、专享价、投票、免费试用、店铺宝箱、分享有礼等，如图4-19所示。

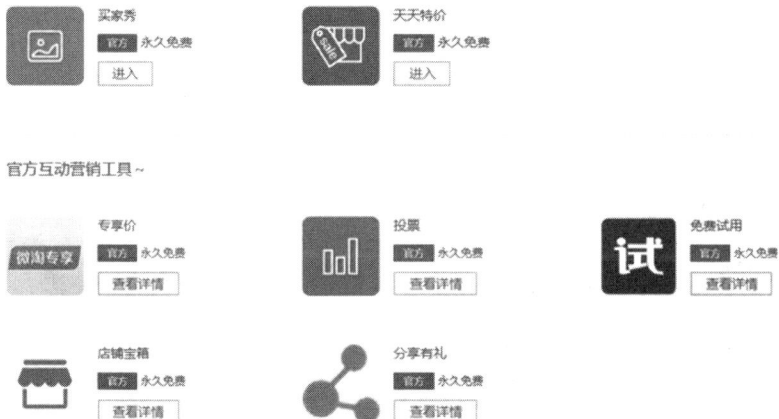

图4-19　我的互动

（5）VIP会员折扣促销

VIP设置可以将顾客设置为本店铺的VIP成员，可根据交易额或者交易次数设置会员折扣，最多可以按4个等级来设置不同的会员折扣，如图4-20所示。

VIP设置

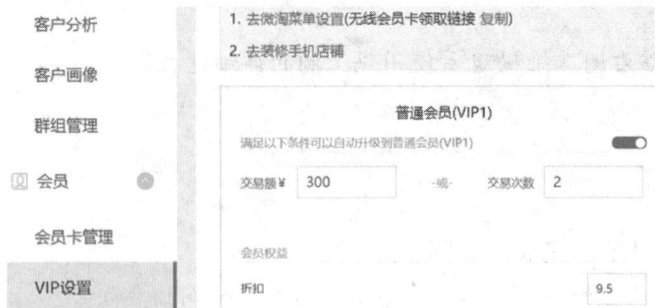

图 4-20　VIP 设置

做一做

观看完操作视频后，完成以下内容：

①设置VIP1会员交易额达到200元或者交易次数达到2次，折扣为9.5折。

②设置VIP2会员交易额达到500元或者交易次数达到5次，折扣为9.0折。

淘宝站内推广

2. 使用微店营销工具

（1）使用"满减"工具

具体操作步骤如下：

①单击微店主界面中的"推广"进入推广页面，如图4-21所示。

图 4-21　推广页面　　　　　图 4-22　设置"满减"金额

②单击"满减"，创建活动。

③设置满减活动。例如：活动名称填写"特价商品"，活动开始时间为"2016年8月21日15时"，结束时间为"2016年8月24日15时"，设置消费满200元减20元；再单击"添加下一级"，设置消费满500元减60元，再单击"完成"按钮即可完成设置，如图4-22所示。

（2）添加店铺优惠券

具体操作步骤如下：

①在推广页面单击"店铺优惠券"，再单击"添加店铺优惠券"创建活动。

②填写基本信息。例如：券的面额填"5"元，订单下限为"20"元，券的库存为"15"，领券限制为"1"，有效期为"2016年8月21日14时"至"2016年8月24日16时"，打开"展示已领完的券"选项，优惠券文案填为"本店新开张，免费领取优惠券，数量有限，先到先得。"，打开"支持加入微信卡包"选项，卡包名称为"红星精品服饰"，再单击"完成"按钮，如图4-23所示。

③出现"优惠券创建后无法修改只可删除，确认提交？"对话框时，单击"确定"按钮完成设置。

（3）设置限时折扣

具体操作步骤如下：

①在推广页面中单击"限时折扣"，再单击右上角的"添加"。

②选择限时折扣商品，填写折后价格。

③打开"是否限购"选项，填写每人限购"1"，单击"完成"按钮，如图4-24所示。

图 4-23　设置店铺优惠券

图 4-24　设置限时折扣

（4）设置私密优惠

具体操作步骤如下：

①在推广页面单击"私密优惠"，再单击右上角的"添加"。

②填写折扣数后，单击"完成"按钮。

③通过发布朋友圈、发送微信好友等方式分享。

（5）设置满包邮

具体操作步骤如下：

①在推广页面中单击"满包邮"，再单击"创建"。

②填写消费满包邮的金额，可选中偏远地区不包邮，单击"确定"按钮。

③通过发布朋友圈、发送微信好友等方式分享。

（6）设置分成推广

具体操作步骤如下：

①在推广页面单击"分成推广"，再单击"同意"。

②选择佣金比例，通常选择3%~30%，如填写"5%"。

③出现"确定对所有商品设定佣金比例5%"对话框时，单击"是"按钮完成设置。

活动三　发布信息推广

1.设计标题

为了吸引网络用户查看店铺所发布的信息，首先需要设计一个引人注目的题目，要求突出重点，简洁易理解，最好能标新立异。例如：

- 特价促销：原价188元的针织衫断码68元特价处理；
- 换季大甩卖：换季全棉衬衫5折大甩卖58元起；
- 宣传新品：6.18短袖新品大放送；
- 赠送礼品：只需88元赠送同款服装一件，再赠送一件小礼品。

2.设计信息内容

标题设计得再好，没有精彩的内容也是不行的。发布的内容要突出为客户提供的优惠，文字要尽量精炼简洁，图文并茂，范例如图4-25所示。

图 4-25　发布宣传信息的示例

做一做

先浏览一些优秀的淘宝店宣传广告，结合所学内容设计一个图文并茂的广告，发布到常用的论坛、贴吧、博客和微博网站上。

活动四　开展即时通信工具营销

1.微信营销

（1）开展微信公众号营销

具体操作步骤如下：

①在百度中搜索"微信公众平台"，进入主页，如图4-26所示。

图 4-26　微信公众平台

②单击右上方的"立即注册"，填写注册信息，如图4-27所示。

③在邮箱激活后，选择申请类型为个人公众号，然后填写公众号相关信息，完成注册，进入公众号管理后台，如图4-28所示。

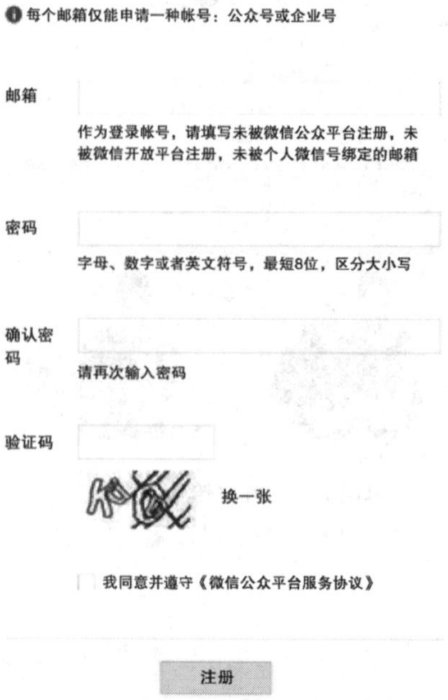

1 每个邮箱仅能申请一种帐号：公众号或企业号

邮箱

作为登录帐号，请填写未被微信公众平台注册，未
被微信开放平台注册，未被个人微信号绑定的邮箱

密码

字母、数字或者英文符号，最短8位，区分大小写

确认密
码

请再次输入密码

验证码

换一张

我同意并遵守《微信公众平台服务协议》

注册

图 4-27　填写注册信息

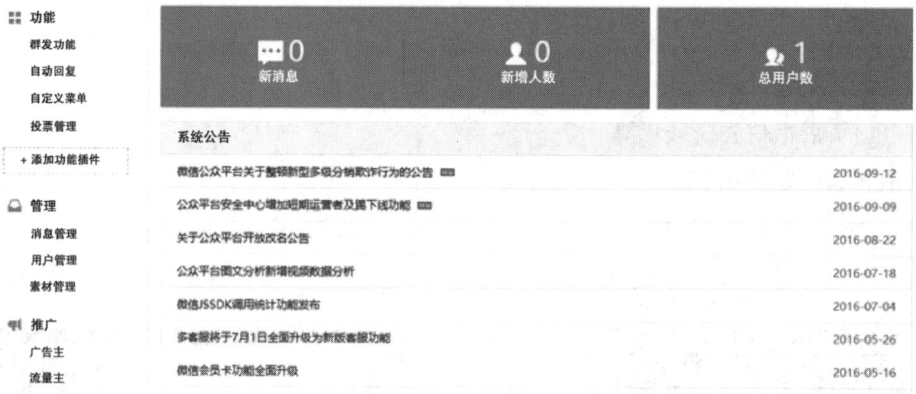

图 4-28　管理后台

④在左侧"管理"选项栏中单击"素材管理"，再单击右上角的"新建图文消息"，如图
4-29所示。

图 4-29　新建图文消息

⑤加入需要添加的素材，完成图文列表，单击"保存"按钮，如图4-30所示。

图 4-30　编辑图文消息

⑥单击"预览"，可查看移动终端上的显示效果，根据需要进行修改，如图4-31所示。

图 4-31　预览效果

⑦在"功能"选项栏中单击"自定义菜单"，再单击"从素材库中选择"，如图4-32所示。

图 4-32　添加图文消息

⑧选择素材，单击"确定"按钮，如图4-33所示。

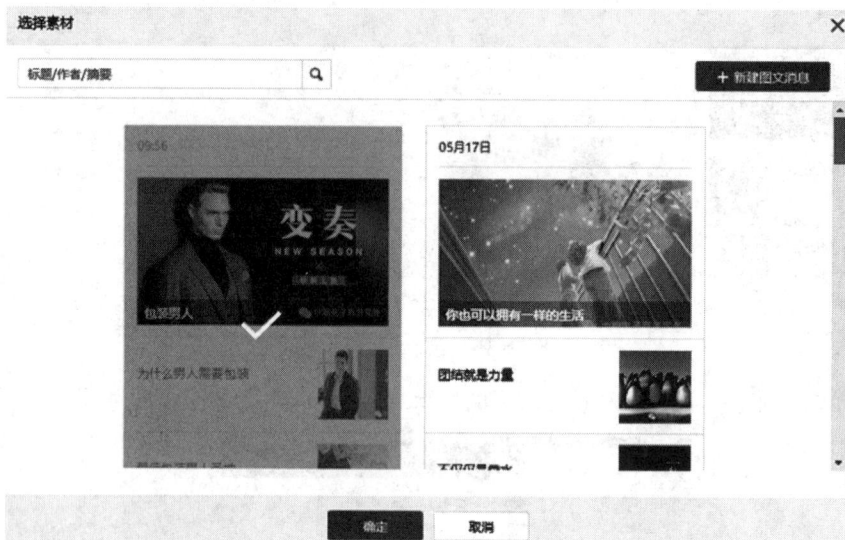

图 4-33 选择图文消息

⑨单击"保存并发布"按钮，如图4-34所示。

图 4-34 发布图文消息

⑩进入微信，关注此公众号，然后推荐给微信好友，即可实现营销效果。

（2）用微信发布广告信息

在微信中发布广告信息主要有以下4种形式：

● 在个性签名中填写广告内容：在微信首页中单击"我"，选择个人信息栏，在"个性签名"中填写广告内容，如图4-35所示。

图 4-35　利用个性签名发广告

- 在朋友圈发布广告信息。
- 在微信群里发布广告信息。
- 向微信好友发送广告信息。

做一做

为店铺开通一个微信公众平台，邀请好友添加，并发布商品广告信息。在朋友圈和微信群发布广告信息。

2.QQ营销

QQ营销主要有以下两种形式：

- 利用QQ群发布广告信息：利用关键词搜索目标群，根据群人数、活跃度、地域等进行筛选后申请加群，进入群后，在群里发布广告信息。
- 利用QQ空间发布广告信息：在自己的QQ空间中编写广告信息，等待QQ用户的浏览。

做一做

根据自己店铺的类目添加微信群和QQ群，在群里发布店铺推广信息。

快乐成长 🔍

网店售前咨询

售前咨询通常使用即时通信工具，如在淘宝网购物时使用阿里旺旺聊天工具进行咨询，咨询过程可分为6步：进店问好、接待咨询、推荐产品、促成交易、确认订单、礼貌告别。

（1）进店问好

"进店问好"的常见方式如下：

方式一："您好""欢迎光临！""感谢您的惠顾"，然后加上一个微笑表情。

方式二：设置自动弹出信息，有微笑表情，介绍本店主推产品，附上链接以便客户单击浏览，如图4-36所示。

买一件送一件 加绒加厚牛仔裤上新，点击查看
✅ https://detail.tmall.com/item.htm?spm=a21ag.7623864.0.0.iY4MAP&id=539003236297

秋冬款加绒牛仔裤男直
筒冬季保暖加厚男士休
价格：￥118.00
促销：￥79.90
运费：卖家承担运费

评价(18)

公告：甘肃地区不能发圆通，广州白云区不发中通（其他快递可以发）。除这两个外其他地区可以正常发货！

图 4-36 进店问好

（2）接待咨询

根据日常工作经验搜集和设计好一些专业的沟通话语，预先将其设定为固定快捷短语备用，认真回答客户咨询的问题。常见接待用语见表4-5。

表4-5 常见接待用语

顾客咨询问题	常见接待用语
是否有货呢	亲，您看中的这款宝贝是有现货的！您可以放心拍哦
"买一送一"是送什么	买一送一活动规则：默认送购买的同款同码。如需送其他款式请留言或者联系客服备注
可以便宜一点吗	亲！非常抱歉，我们的定价已经是最低销售价格了呢，没有办法再优惠啦
产品有质量问题怎么办	亲，我们都是正品，质量都是有保证的，如有任何质量问题都可以退换

（3）推荐产品

可以根据顾客对商品的了解程度，有技巧地向顾客推荐产品，如图4-37所示。

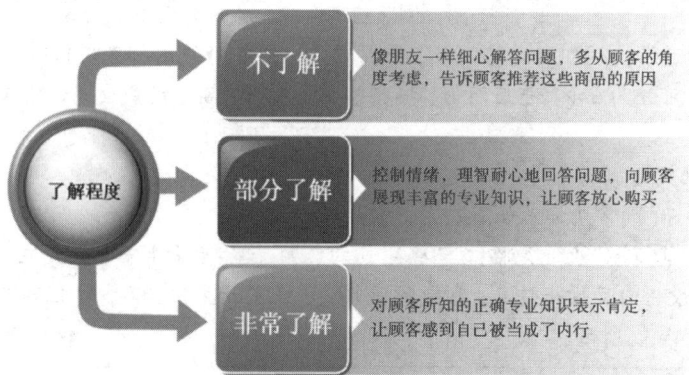

图 4-37 针对不同顾客的应对方式

（4）促成交易

促成交易的常见处理办法见表4-6。

表4-6 面对顾客犹豫的处理方法

顾客犹豫的表现	对 策
我要考虑一下	可以获得一件礼品或者送5元的优惠券
	过两天，商品就恢复原价
能不能包邮	这件商品我们卖的是成本价，如果买的数量多，我们可以包邮
什么时候发货	亲，拍了后立即发货

（5）确认订单

当顾客付款后，需要和顾客核对发货地址和联系方式，确保信息无误。例如：亲，请核对一下收货地址哦！地址：×××，联系人：××，联系方式：××。

（6）礼貌告别

当顾客核对收货地址和联系方式无误后，和顾客告别。例如："欢迎下次光临""谢谢光临，我们会立即发货"。

KUAILECHENGZHANG

做一做

在淘宝网上找3～5个自己感兴趣的商品，然后询问几个关于产品、售后服务方面的问题，了解客服人员是如何回答的，对相同问题进行归纳总结。

［任务三］

NO.3

认识网络营销策略

◆ 任务描述

小新知道了常见的网络营销推广方法，但是哪种产品适合用哪种推广方法，以及如何根据时间来选择推广方法呢？这还需要学习网络营销策略。网络营销策略主要涉及产品、定价、渠道、促销4个方面，一起来学习吧！

◆ 任务实施

活动一 认识产品策略

同传统营销一样,网络营销也必须向市场提供满足消费者需要的产品以实现其营销目标。

1.了解网络产品

营销意义上的产品概念具有极其宽广的外延和深刻的内涵。对于具体产品来讲,由于消费者具有不同的层次需求,产品的整体概念就是产品满足客户不同需求的各个方面。

在网络营销中,产品的整体概念可分为5个层次,如图4-38所示。

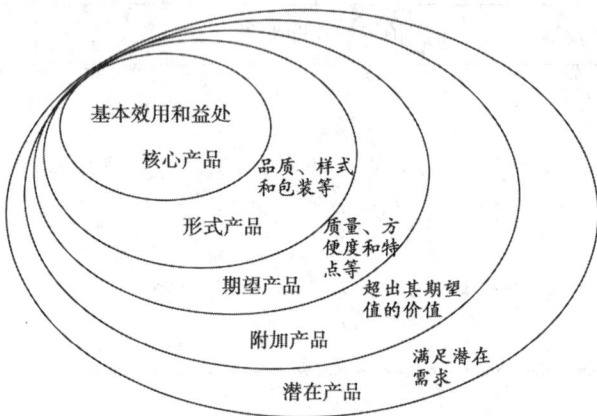

图 4-38　产品概念的 5 个层次

● 核心产品:能够为消费者提供基本效用和益处。网络营销是以消费者为中心的营销,产品必须能够满足消费者的需求。企业在设计和生产产品时,要从客户的需求出发,使产品真正令消费者满意。

● 形式产品:核心产品借以实现的形式,主要表现为品质、样式、品牌、包装和特征。

● 期望产品:产品超过消费者在购买前对其质量、使用方便程度、特点等方面的期望。

● 附加产品:由产品的生产者或经营者提供的、购买者有需求但又超出其期望值的益处。

● 潜在产品:在产品附加层次之外,企业提供的产品能满足消费者的潜在需求。

2.产品的特点

产品的特点见表4-7。

3.选择合适的产品

在网络营销中,产品的类别比传统营销所涉及的产品类别更为丰富,按照产品的形态和性质的不同,网络营销的产品分为两类:有形产品和无形产品,见表4-8。

表4-7　产品的特点

产品特点	具体表现
产品价格	顾客比较认同网上销售的产品价格更低。另一方面，由于通过互联网进行销售的成本低于通过其他渠道销售，所以在网上销售的产品一般定价更低
产品质量	顾客在购买前无法尝试或者只能通过图片查看产品。网上销售无法实现购物体验，只有产品的质量优异才能赢得顾客的好评
产品样式	要符合该国家或地区的风俗习惯、宗教信仰和教育水平。网上销售的产品的样式还必须满足购买者的个性化需求
目标市场	网上市场是以网络用户为主要目标的市场，在网上销售的产品要适合覆盖广大的地理范围。如果产品的目标市场竞争比较激烈，可以采用细分市场营销策略
产品品牌	在网络营销中，生产者和经营者的品牌同样重要，因为要在浩如烟海的网络信息中获得浏览者的注意，必须拥有明确、醒目的品牌

表4-8　有形产品和无形产品

产品类别	具体说明
有形产品	满足消费者某一需求和特定形式，是核心产品得以实现的形式。它一般通过不同的侧面反映出来，如质量水平、产品特色、产品款式以及产品包装和品牌
无形产品	对一切有形资源通过物化和非物化转化形式使其具有价值和使用价值属性的非物质的劳动产品以及有偿经济言行等，其中包括软件、电影、音乐、电子读物、信息服务等

4.常见产品策略

（1）产品差异化策略

产品差异化策略是指网店提供同一种类不同类型的产品和服务，利用顾客的求知欲和挑剔心理，来完成网店目标计划的一种竞争生存战略。差异化的竞争，需要网店突出产品和服务的特色，才能吸引众多的消费者，成为行业的典范。产品差异化体现在4个方面，如图4-39所示。

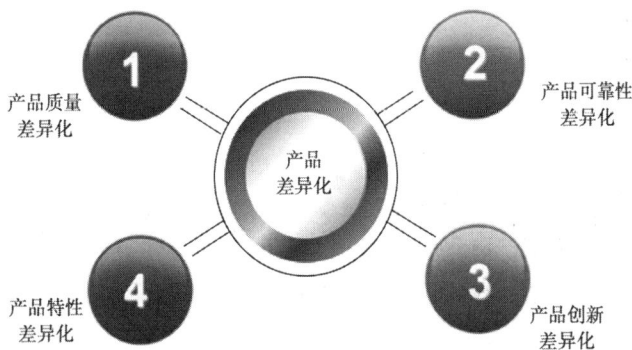

图 4-39　产品差异化的 4 个方面

● 产品质量的差异化策略：网店向市场提供竞争对手无法达到的高质量产品所采取的策略。产品质量优异，能产生较高的产品价值，进而提高销售收入，获得比对手更高的利润。例如，经营佳能相机的某网上专卖店，由于日本的佳能相机质量优良，在数码市场的品牌知名度高，网店的产品获得用户的一致好评。

● 产品可靠性的差异化策略：与质量差异化相关的一种战略。其含义是：网店产品具有绝对的可靠性，甚至出现意外故障时，也不会丧失使用价值。例如，经营华为产品的某网上专卖店，由于华为的通信设备可靠性高，网店的产品得到用户的认可。

● 产品创新的差异化策略：网店及时引进新的产品，与其他网店产品形成差异化。及时更新网店产品，新产品的利润一般相对较高，进而提高网店收入。例如，iPhone 4当时在产品创新上取得较大突破，带有很多创新的功能，在手机市场上获得了巨大成功，这部手机当时在网上也十分畅销。

● 产品特性的差异化策略：如果产品中具有顾客需要，而其他产品不具备的某些特性，就会产生别具一格的形象。有些产品特性的差异化已为广大顾客所共识。例如，伦芭童装专卖网店专做花童礼服，成为该细分领域的佼佼者。

（2）产品组合策略

产品组合策略是指网店采用多种产品组合的营销策略。产品组合的方式有以下几种：

● 采用不同功能的产品进行组合。例如，某化妆品网店，采用不同功能的产品组合营销，以满足消费者的各种需求，如图4-40所示。

图4-40　不同功能产品的组合

● 采用不同品牌的产品进行组合。例如，某手机网店销售多种品牌的手机，如图4-41所示。

● 采用不同规格、型号、颜色和样式进行组合。例如，某电池网店销售不同型号电池的充电器，如图4-42所示。

图 4-41　不同品牌产品的组合　　　　图 4-42　不同规格产品的组合

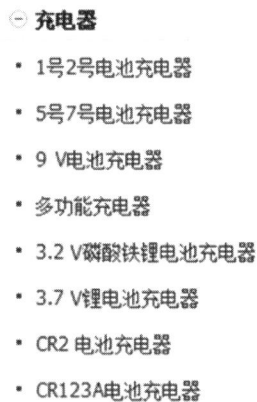

● 采用不同配件进行组合。例如，某数码相机网店，在销售尼康 D5300数码相机时，配备了不同规格的镜头进行组合销售，如图4-43所示。

图 4-43　不同配件的组合

（3）新产品策略

新产品策略是指网店通过不断推出新产品来达到增加销售额的目的。新产品策略在网店经营决策中占有非常重要的地位。

🤔 想一想

根据自己网店的特色，说说网店适合采用哪几种营销策略，并说明其理由。

活动二　认识定价策略

1.影响定价的因素

价格通常是影响交易成败的重要因素,同时又是市场营销组合中最难以确定的因素。企业既要考虑成本,又要考虑消费者对价格的接受能力,从而使定价策略具有买卖双方双向决策的特征。价格是市场营销组合中最灵活的因素,它可以让市场做出灵敏的反应。

影响产品价格的因素有很多,主要有3种,见表4-9。

表4-9　影响产品价格的因素

影响因素	具体说明
成本因素	产品成本是由产品在生产过程和流通过程中消费的物质资料和支付的劳动报酬所形成的
供求关系	供求关系对产品价格的影响显而易见,当商品供小于求的时候,价格就会上升;反之,价格就会降低
竞争因素	价格是否高于竞争者,主要取决于企业所处的竞争环境和在竞争中的地位

当然,影响企业产品网上定价的因素除了以上几点外,还要考虑网络因素。由于网络的及时性和互动性等特点,网络营销会节省一定的经营成本,这必然会对价格产生一定的影响。

2.网络定价策略

（1）低价策略

由于在网上销售减少了中间环节,这种优势可以体现在价格上,将原来由分销商所获得的利润让给消费者,使消费者成为网络销售的受益者。在价格策略上,网上的价格明显低于传统有形市场上的价格,自然可以吸引消费者。例如:某类长裙在网店的平均售价在25元左右,卖家通过19.90元的低价格打造爆款,提升了店铺销量,如图4-44所示。

图 4-44　实行低价策略的商品

（2）个性化定价策略

个性化定价策略就是利用网络的互动性,了解消费者的需求,来确定商品价格的一种策略。卖家可以根据市场上定制某类DIY礼物的平均价格，以及消费者对产品外观、颜色、样式等方面的个性化需求来确定价格。例如，某礼品定制网店，专业定制个性DIY礼物，市场上该类礼品价格为37元左右，卖家在定价时，礼品上不需印图片售价为35元，如果礼品上需印图片售价为39元，如图4-45所示。

图 4-45　实行个性化定价策略的商品

（3）不同定价策略

不同定价策略是根据消费者、商品消费季节、时间的不同而采取不同价格，有3种做法：

● 对VIP会员采取低价折扣的策略以获得更高的回头率。

● 为鼓励购买者的某种行为，如批量购买、提前预订等，将其产品价格调低，给购买者一定比例的价格优惠。

③商品淡季购买，给消费者一定比例的价格优惠。

（4）零定价策略

零定价策略是企业通过对商品以成本价格出售，而取得消费者某些回报的策略。零定价并不意味着企业为用户提供免费的商品或服务，而是以这种策略得到消费者的一些回报，如提升品牌形象、提升产品口碑、赢取客户的回头率、获取消费者的个人资料、实现广告效应、使客户同意参与产品测试等，如图4-46所示。

图 4-46　实行零定价策略的商品

（5）集体议价策略

集体议价策略是按照消费者的需求、供应者之间的竞争状况及其他因素来定价的策略。这种方式利用网络的互动性，建立与消费者直接在网上协商价格的集体议价系统来进行，可以使价格更具有灵活性和多样性。目前，该种定价策略在网店用得很少，但也可以作为网店的定价策略之一。

想一想

如果一个销售新奇玩具的网店新开张，适合采用哪种定价策略？为什么？

活动三　认识渠道策略

营销渠道的主要任务就是将产品由生产商向最终消费者转移。网络营销和传统营销在营销渠道上的最大区别是：网络缩短了生产者和最终消费者之间的距离，使得生产者直接面向最终消费者成为可能。但是对于多数的产品生产者，中间渠道的作用仍然是必要的。网络营销渠道包括网络直销和网络间接销售。

1.网络直销策略

网络直销是指企业通过网络分销渠道直接销售产品。

网络直销的优点：

①营销人员可利用网络工具，如电子邮件、在线服务等，随时了解消费者的需求，并据此迅速开展促销活动，扩大产品市场占有率。

②直接从网上收集到用户对产品的意见和建议，合理地、有针对性地安排生产，解决疑难问题，提高质量，改善经营管理，也可以与消费者建立良好的关系。

③给买卖双方都带来了直接的经济利益。由于网络直销降低了企业的营销成本，企业能够以较低的价格销售自己的产品，消费者也能够买到低于传统市场价格的产品。

④减少了销售环节，有利于企业的统一定价以及运作的规范化，可以避免经销商们的恶性竞争。

2.网络间接销售策略

在网络间接销售过程中，离不开网络商品交易中介。网络商品交易中介成为连接买卖双方的枢纽，使得网络间接销售成为可能。例如，淘宝网就担任了网络商品交易中介的角色。

网络商品交易中介的优点：

①凭借自身的品牌影响力、专业知识、经验、用户数量以及所掌握的大量信息，在把商品由生产者推向消费者的过程中实现速度更快、流程更简化、成本更低、效率更高。

②有效地把买卖双方结合起来，便利了买卖双方的信息收集过程。

③不仅能够以最快的渠道销售商品，满足消费者对商品的要求，而且它还能够广揽需

求，使企业组织商品的批量生产，满足生产者对规模经济的发展要求。

因此，网店店主在选择网络商品交易中介时，需要考虑几个主要因素，如图4-47所示。

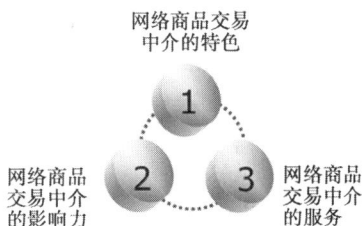

图 4-47　选择网络商品交易中介所考虑的因素

想一想

如果你开了一家二手手机店铺，你想采用哪种渠道策略？为什么？

活动四　认识促销策略

网络促销是利用计算机及网络技术向虚拟市场传递有关商品和劳务的信息，以激发消费者的需求，唤起购买欲望和促成购买行为的各种活动。在进行网络营销活动的整体策划中，网络促销是其中极为重要的一项内容。

1.网络促销的方式

网络促销的方式如图4-48所示。

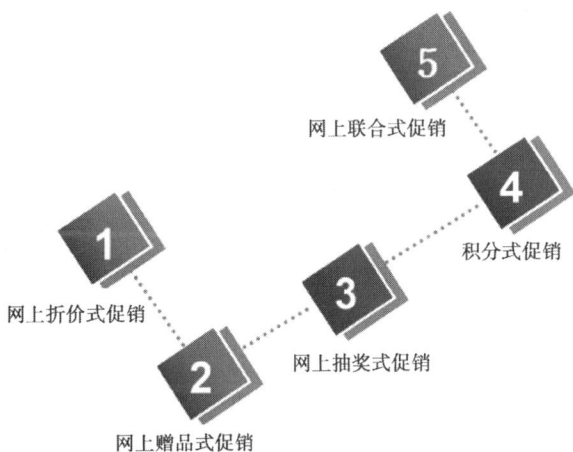

图 4-48　网络促销的方式

2.网络促销的主要作用

①告知功能。网络促销中开展的各种活动将企业的产品、服务、价格等信息通过网络传递给消费者，以引起他们注意。

②诱导功能。网络促销通过各种有效的方式解除潜在消费者对产品或服务的疑虑，促使其坚定购买的决心。

③创造需求。企业通过运作良好的网络促销活动，不仅可以诱导消费需求，而且可以创造需求，发掘潜在的消费者，拓展新市场，扩大销售量。

④反馈功能。结合网络促销活动，企业可以及时地收集和汇总消费者的意见和需求，迅速反馈回企业，从而帮助企业进行经营决策。

⑤稳定销售。通过适当的网络促销活动，树立良好的产品形象和企业形象，往往可以改变消费者对企业及产品的认识，提高产品的知名度和用户对企业产品的忠诚度，达到锁定用户、实现稳定销售的目的。

3.网络促销策略

根据网络营销活动的特征和产品的不同，网络促销策略主要有以下几种：

（1）打折促销

通过打折降价销售来吸引顾客是很多网店常用的促销方式。

（2）提供免费资源或者服务促销

通过免费赠予资源或者服务，从而提高网店产品的吸引力，如图4-49所示。

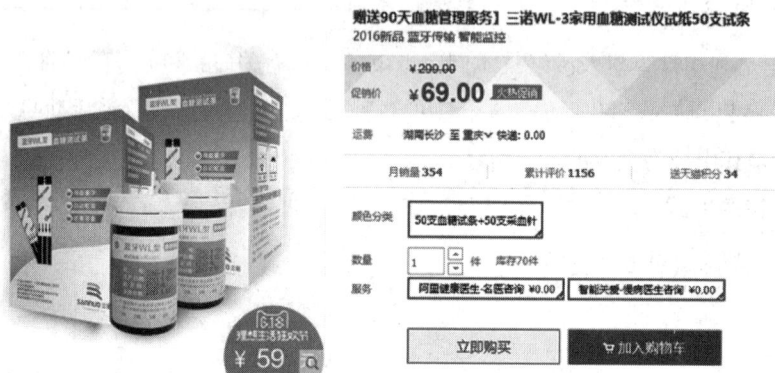

图 4-49　赠送免费的服务进行促销

（3）发放购物券促销

根据网店产品的价格和成本，设置购物券的门槛和金额。一般分为有门槛的购物券（如满50元可用购物券5元）和无门槛购物券（购买网店任一商品均可使用的购物券10元），如图4-50所示。

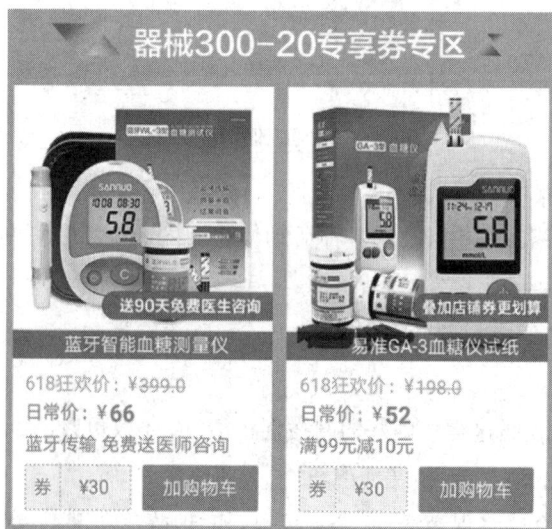

图 4-50　发放购物券

（4）网上赠品促销

买一件或者几件商品就赠送礼品，利用赠品促销可以达到较好的促销效果，如图4-51所示。

图 4-51　发放赠品

快乐成长 ⌕

开展促销活动

● 活动策划主题："双十二"促销活动。

● 活动店铺：淘宝店铺名为红星精品服饰，刚开张的新店铺，主营男士针织衫、男士牛仔裤、男士卫衣。

● 活动策划时间：12月3—14日。

● 活动原则：消费券只限购买原价商品；聚划算商品不参加"双十二"活动。

● 活动前的工作安排：

（1）准备经费

准备经费主要用于购买产品和赠品，支付运输费、包装费、加班费等。

（2）挑选商品

活动商品要挑选具有优势的产品或性价比高的产品。

（3）备货

①盘点库存。在活动开始前，进行一次库房盘点工作，做到账务相符，即系统库存和实际库存相符，避免出现超卖、少卖现象。

②备足货源。针对活动中的促销商品以及赠品，备足货源。

③整理库房货物。货位上的货物摆放整齐，备货存放位置明确，这样出货效率、准确率才会提高。

④充分准备包装耗材。准备纸箱、塑料袋、快递面单、胶带、胶水、美工刀等。

（4）装修店铺

①突出活动的主题。店铺首页展示"双十二"活动主题图片，如图4-52所示。

②制作一个"双十二"活动的手机海报，如图4-53所示。

（5）店铺和商品推广

在淘宝网的"卖家中心"里使用多种卖家工具，设置多种推广活动。

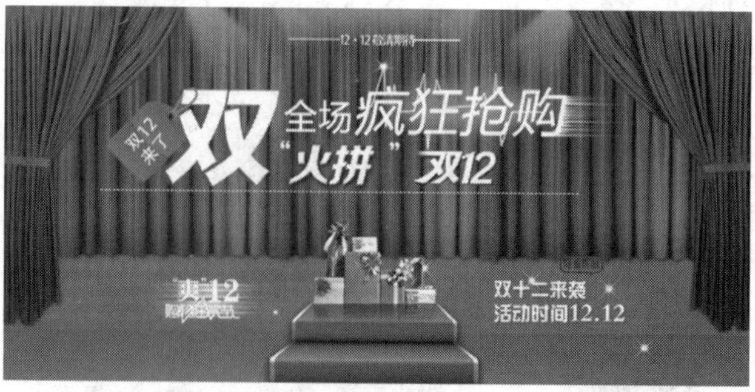

图 4-52　宣传主题图片

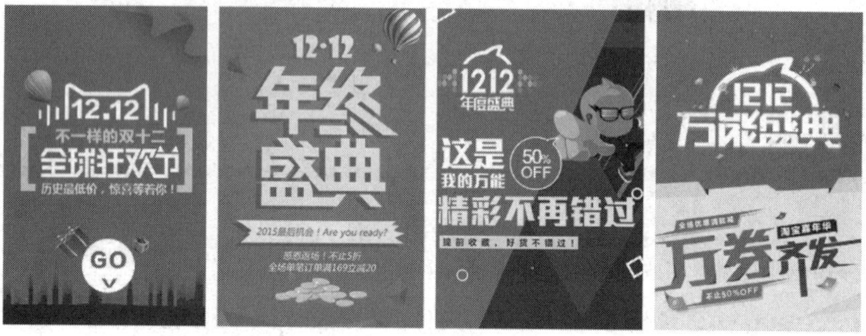

图 4-53　手机海报

KUAILECHENGZHANG

做一做

根据自己网店的具体情况，设计好促销内容，实施新店开张促销活动。

◆ 项目小结

学完本项目后，应注意的是：

1.网络营销相比传统营销，市场面更广，但如果推广的群体太大，往往得不到好的营销效果，网络营销也需要面向对产品有需求的客户或者潜在客户，从而降低营销成本。

2.搜索引擎优化的方法很重要，必须要用好网店的营销工具，提供优质的产品和售后服务，才能让店铺获得好的搜索排名。

3.网络营销策略有很多，在采用这些策略时，要根据产品来选择，采用多种营销策略往往比采用一种营销策略的效果要好。

4.使用网站工具营销时，有很多网站工具是可以免费试用的，先试用满意后再购买。

5.产品差异化策略是很多成功店铺的经营之道，经营很热门的产品，不一定就能得到好的收益，销售竞争度小的商品或许能得到意外收获。

◆ 自我检测

一、单选题

1.以下哪一项不属于网络营销的特点?（ 　　　　）

  A.在网上卖商品 　　　　　　　　　B.全天候营业

  C.市场更广 　　　　　　　　　　　　D.成本较低

2.（ 　　　　）是目前Internet上最为流行的通信方式,各种各样的通信软件也层出不穷。

  A.网站 　　　　　　　　　　　　　　B.即时通信

  C.博客 　　　　　　　　　　　　　　D.贴吧

3.企业选用网络营销方法前要先分析自己所卖的产品或者服务,明确哪些群体是消费者,有目的的寻找消费群体,这是采用的（ 　　　　）。

  A.品牌策略 　　　　　　　　　　　　B.产品策略

  C.价格策略 　　　　　　　　　　　　D.促销策略

4.要从消费者的角度出发,为吸引消费者购买应该及时在公司网站发布促销信息、新产品信息、公司动态,为方便消费者购买建议开通多种支付方式,让消费者有选择的余地,这是采用的（ 　　　　）。

  A.SNS营销策略 　　　　　　　　　　B.渠道策略

  C.促销策略 　　　　　　　　　　　　D.产品策略

5.（ 　　　　）让用户扫描二维码图片,发布热卖产品、新品、优惠券等信息,让购物者获得更好的购买体验。

  A.设置热门促销 　　　　　　　　　　B.商品优惠

  C.发微淘 　　　　　　　　　　　　　D.发红包

二、多选题

1.下列哪几项属于网络营销的目的?（ 　　　　）

  A.宣传企业品牌 　　　　　　　　　　B.提高转化率

  C.增加曝光率 　　　　　　　　　　　D.吸引新客户

2.产品差异化策略主要体现在哪几个方面?（ 　　　　）

  A.产品质量 　　　　　　　　　　　　B.产品可靠性

  C.产品价格 　　　　　　　　　　　　D.产品创新

3.微信营销通常有哪些方法?（ 　　　　）

  A.在微信朋友圈发布产品信息 　　　　B.向微信好友发送广告信息

  C.在微信群里发布广告信息 　　　　　D.通过微信公众号发布广告信息

三、填空题

1.在网络营销中,产品的整体概念可分为5个层次: ＿＿＿＿＿＿、＿＿＿＿＿＿、＿＿＿＿＿＿、＿＿＿＿＿＿、＿＿＿＿＿＿。

2.在网络营销中,产品的类别也比传统营销所涉及的更为丰富,按照产品的形态和性质的不同,网络营销的产品分为两类:＿＿＿＿＿＿＿＿＿＿和＿＿＿＿＿＿＿＿＿＿。

3.即时通信工具是通过即时通信技术来实现在线聊天、交流等功能的软件工具,目前最常见的是＿＿＿＿＿＿＿＿＿＿和＿＿＿＿＿＿＿＿＿＿。

4.网络营销策略主要包括＿＿＿＿＿＿＿＿＿、＿＿＿＿＿＿＿＿＿、＿＿＿＿＿＿＿＿＿＿、
＿＿＿＿＿＿＿＿＿。

四、简答题

1.新产品开发策略包括哪些内容?

2.发微淘主要能发布哪些信息?

3.设置热门促销需要设置哪些内容?

五、实操题

在微信朋友圈里发布自己推荐的3件产品,信息包括产品图片和产品详情。

◆ 项目评价

评价项目	评分标准		得　分
网络营销基础	能陈述	什么是网络营销（2分） 网络营销的特点（2分） 网络营销的目的（2分） 网络营销的主要优势（2分）	
网络营销推广方法	能陈述	搜索引擎推广方法（2分） 即时通信工具推广方法（2分） 发布信息推广方法（2分） 电子邮件推广方法（2分） 网络广告推广方法（2分） 资源合作推广方法（2分）	
搜索引擎营销	能操作	优化商品关键词（3分） 安排合理时间发布宝贝（3分） 将商品加入掌柜推荐（2分） 将商品加入橱窗推荐（2分）	

续表

评价项目		评分标准		得　分
网站工具营销	能操作	淘宝网	使用"商品优惠"工具（3分） 发微淘（3分） 设置热门促销（3分） 码上淘（3分） VIP会员折扣促销（3分）	
		微店	使用"满减"工具（3分） 添加店铺优惠券（3分） 设置限时折扣（3分） 设置私密优惠（3分） 设置满包邮（3分） 设置分成推广（3分）	
发布信息推广	能操作	发布标题新颖、图文并茂的信息（3分）		
开展即时通信工具营销	能操作	微信营销	开展微信公众号营销（2分） 在微信里发布广告信息（2分）	
		QQ营销	利用QQ群发布广告信息（2分） 利用QQ空间发布广告信息（2分）	
产品策略	能陈述	网络产品整体概念的5个层次（2分） 网络产品的特点（2分） 如何选择适合的产品（2分） 常见的产品策略（2分） 产品组合策略（2分） 新产品开发策略（2分）		
定价策略	能陈述	定价策略的概念（2分） 网络定价策略的分类（2分）		
渠道策略	能陈述	网络直销策略（2分） 网络间接销售策略（2分）		
促销策略	能陈述	网络促销方式（2分） 网络促销的主要作用（2分） 网上促销策略（2分）		
总分（100分）				

项目五
开展电子商务物流

【项目概述】

小新在开展各种网络营销活动以后，店铺的销量有了明显的提升，但是客户的投诉量也明显增加，反映的主要问题是：发货不及时，甚至发错货；商品包装不到位，在运输过程中出现包装破损，进而污损商品；快递寄送时间太久，没有及时送达客户手中。小新意识到需要提高店铺的物流管理水平，提升顾客的满意度，维护店铺的声誉。

【项目目标】

+ 了解电子商务物流的基础知识；

+ 了解知名快递公司和物流公司；

+ 熟悉电子商务物流的流程；

+ 能完成收单拣货；

+ 能进行商品包装；

+ 能进行库存管理；

+ 培养学生良好的责任心。

[任务一]

认识电子商务物流

◆ 任务描述

通过学习电子商务物流的基础知识，小新能够了解电子商务物流系统的构成和特点、电子商务物流的流程和模式、现代的物流信息技术，熟悉知名的物流和快递公司，以便以后在发货前选择合适的物流公司或者快递公司。

◆ 任务实施

活动一　了解电子商务物流

1. 什么是电子商务物流

电子商务物流是指基于商流、信息流、资金流网络化的实物或服务的配送活动，包括实体商品的物理送达和虚拟商品的网络传送。电子商务物流要完善整体商务环境，需要打破原有工业的传统体系，建立以商品代理和配送为主要特征，通过计算机网络技术实现的物流运作与管理，实现企业间物流资源共享和优化配置。

2. 电子商务物流系统的构成

电子商务物流系统由物流作业系统和物流信息系统两部分构成。

● 物流作业系统：在商品的采购、运输、仓储、装卸搬运和配送等作业环节中，使用各种先进的技能和技术，将商品的生产点、物流点、运输配送路线和运输手段组成一个合理、有效的网络系统，并以此来提高物流活动的运输效率，如图5-1所示。

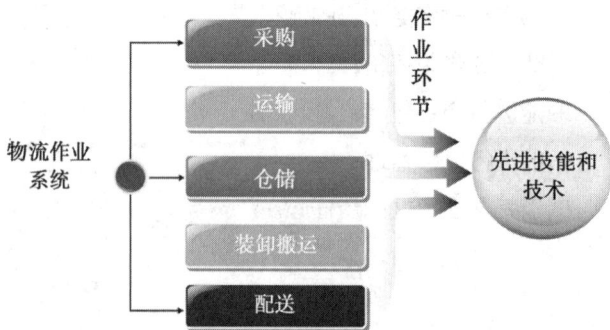

图 5-1　物流作业系统

● 物流信息系统：由人员、设备和程序组成的，为物流管理者执行计划、实施、控制等职能提供信息的交互系统。物流信息系统在保证订货、进货、库存、出货、配送等信息通畅的基础上，使通信据点、通信线路、通信手段网络化，提高物流作业系统的效率，如图5-2所示。

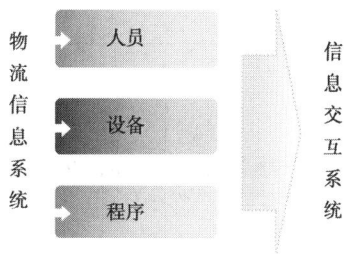

图 5-2　物流信息系统

3.电子商务物流的特点

（1）信息化

物流信息化表现为物流信息的商品化、物流信息搜集的数据库化和代码化、物流信息处理的电子化和计算机化、物流信息传递的标准化和实时化、物流信息存储的数字化等。

（2）自动化

自动化的基础是信息化，自动化的核心是机电一体化，自动化的外在表现为无人化，自动化的效果是省力化，另外还可以扩大物流作业能力，提高劳动生产率，减少物流作业的差错等。

（3）网络化

物流网络化主要表现为物流系统的通信网络化和组织网络化。通信网络化表现为物流配送中心与供应商或制造商的联系要通过计算机网络，上下游客户之间的联系也要通过计算机网络；组织网络化表现为组建企业内部网。

（4）智能化

物流作业过程中需要大量的运筹和决策，如库存水平的确定、运输（搬运）路径的选择、自动导向车的运行轨迹和作业控制、自动分拣机的运行、物流配送中心经营管理的决策支持等问题可以借助不断完善的智能技术来解决。

（5）柔性化

随着市场的不断发展，产品寿命周期正在逐步缩短，生产由原来的大批量制造的刚性生产线逐步转变为小批量、多品种的柔性生产线。柔性化物流要求配送中心根据消费者"多品种、小批量、多批次、短周期"的需求特点，灵活组织和实施物流作业。

4.了解物流信息技术

（1）条码技术

条码是一个机器可以识别的符号，条码技术为我们提供了一种对物流中的物品进行标识和描述的方法。借助扫码设备扫描条码后，可以记录物件所处的位置和物流状态。目前物流作业中主要使用的条码有一维条码和二维条码，见表5-1。

（2）电子数据交换（EDI）系统

构成电子数据交换系统的3个要素是软硬件、通信网络以及数据标准化。EDI的应用范围从订货业务正向其他业务扩展，如POS销售信息传送业务、库存管理业务、发货信息和支付信息的传递业务等。物流电子数据交换系统是指货主、承运业主以及其他相关的单位

表5-1 两种条码

条码类型	特　点
一维条码	可以提高信息录入的速度，减少差错率，但是一维条码数据容量较小（存储30个字符左右），只能存储字母和数字，条码尺寸相对较大（空间利用率较低），条码遭到损坏后便不能读取
二维条码	可直接显示英文、中文、数字、符号和图形，存储数据量大，可存放1 KB容量的字符，用于描述货物的详细信息；同时可以根据需要进行加密，防止数据的非法篡改

之间，通过EDI系统进行物流数据交换，并以此为基础实施物流作业活动的办法。

（3）射频识别（RFID）技术

射频识别技术传输的是电磁信号，可以识别特定目标并读写相关数据，而无须识别系统与特定目标之间建立机械或者光学接触。射频标签是电子标签，RFID卷标将数据存于芯片中。其常见的应用领域见表5-2。

表5-2 射频识别技术的应用领域

常见应用领域	具体表现
商品出库与入库	当商品进出库房时，通过读取商品上的RFID标签，实现商品的出入库登记
运输跟踪	在运输管理中，通过在货物和车辆上贴RFID标签，完成跟踪控制
物流配送	到达中央配送中心的所有货箱都贴有RFID标签，在进入中央配送中心时，托盘通过一个门阅读器，读取托盘所托运货箱上的标签内容，然后将货箱运送到对应的寄送地区

（4）GPS技术

GPS（全球定位系统）是具有海、陆、空全方位实时三维导航与定位能力的新一代卫星导航与定位系统。GPS系统包括三大部分：空间部分——GPS卫星；地面控制部分——地面监控系统；用户设备部分——GPS信号接收机。通过监控安装有GPS设备的运输车辆，实时掌握运输物品的位置。

5.电子商务物流的模式

（1）自营物流

企业自身经营物流，称为自营物流。企业自营物流模式意味着电子商务企业自行组建物流配送系统，经营管理企业的整个物流运作过程。自建庞大的物流体系需要耗费大量人力、物力和财力，更重要的是：自营物流需要较强的物流管理能力。目前，具有代表性的自营物流企业就是京东。

（2）物流联盟

物流联盟是制造企业、销售企业、物流企业基于正式的相互协议而建立的一种物流合作关系，参加联盟的企业汇集、交换或统一物流资源以谋取共同利益；同时，合作企业仍保持各自的独立性。例如，2013年5月28日，阿里巴巴集团、银泰集团联合复星集团、富春集团、顺丰集团、"三通一达"（申通、圆通、中通、韵达），以及相关金融机构共同宣布，合作各方共同组建菜鸟网络科技有限公司。之后，顺丰集团又退出。

（3）第三方物流

第三方物流是指独立于买家、卖家之外的专业化物流公司，长期以合同或契约的形式承接部分或全部物流功能，为特定企业提供物流解决方案。它是由相对"第一方"发货人和"第二方"收货人而言的第三方专业企业来承担企业物流活动的一种物流形态。国内大部分物流公司都是第三方物流公司，如中国远洋运输（集团）总公司、中铁物资集团有限公司。

想一想

随着物流技术的不断发展，猜想一下未来物流可能出现哪些新形式。

活动二　了解知名物流公司和快递公司

1.知名物流公司

知名物流公司见表5-3。

表5-3　知名物流公司

物流公司	公司简介
中国外运股份有限公司	整合海运、空运、公路和铁路运输、国际快递、船务代理、仓储及配送、码头服务等基础服务，为客户提供端到端的全程供应链解决方案和一站式服务，打造了海、陆、空货运体系的综合物流服务平台。公司覆盖了中国所有的省份及地区，海外网络覆盖世界五大洲。公司员工超过27 000名，总资产超过350亿元人民币
中铁物流集团	涵盖电商服务、仓储、整车、零担、公路、铁路、金融、冷链、代理报关报检、贸易、国际快件等业务的大型现代综合物流企业。集团旗下有快运、快线、仓储园区、公路港多张全国型实体网络，为打造多平台联动的产品服务提供了基础支撑，全力推动网络化、平台化、产品化战略布局。全网的营业网点超过5 000个，运营车辆超过11 000台，从业员工有4万多人，仓储管理面积超过4 000万平方米，在美国、英国、俄罗斯、韩国、日本、尼泊尔、印度尼西亚设有境外分支机构和多个海外仓储基地

续表

物流公司	公司简介
德邦物流股份有限公司	致力覆盖快递、快运、整车、仓储与供应链、跨境等多元业务的综合性物流供应商，坚持自营门店与事业合伙人相结合的网络拓展模式。公司已开设10 000多家标准化的门店，服务网络覆盖全国所有省份和地区，全国转运中心总面积超过110万平方米。公司正从国际快递、跨境电商、国际货代三大方向切入跨境市场，已开通韩国、日本、泰国等多条国际线路，全球员工人数超过11万名
中储发展股份有限公司	以综合物流、物流贸易、金融物流以及物流地产等为主营业务，为国内外各企业的采购、生产、营销等供应链各环节提供全程综合物流服务。公司在全国30多个中心城市和港口城市设有70余家物流配送中心和经营门店

2.知名快递公司

知名快递公司见表5-4。

表5-4　知名快递公司

SF EXPRESS 顺丰速运	积极拓展多元化业务，最大的特点就是"速运"。由于为客户提供优质的服务，获得了很多贵重物品的快递业务。在全国所有省份和地区都建立了庞大的物流系统，并且积极拓展国际件服务，目前已开通美国、日本、韩国、新加坡、马来西亚、泰国、越南、澳大利亚、蒙古等国家的快递服务。顺丰员工人数已超过34万名，拥有16 000多台运输车辆和19架自有货机，海外已有12 000多个营业网点
中国邮政 CHINA POST EMS 全球邮政特快专递	国内经营历史最悠久、规模最大、网络覆盖范围最广、业务品种最丰富的快递物流综合服务提供商，业务范围遍及全国以及全球200余个国家和地区，营业网点超过4.5万个。主要经营国内速递、国际速递、合同物流、快货等业务，拥有享誉全球的"EMS"特快专递品牌和国内知名的"CNPL"物流品牌
YTO 圆通速递 YTO EXPRESS	已成为一家集速递、航空、电子商务等业务为一体的大型企业集团。目前在全国范围拥有自营枢纽转运中心60个，终端网点超过24 000个。快递服务网络覆盖已实现地级以上城市全覆盖，县级以上城市覆盖率达到93.9%，已开通东南亚、中亚和欧美快递专线

| | 京东快递拥有多种物流配送模式,以其发货速度快而著称。京东快递是京东商城的自营快递,2016年11月以品牌化运营的方式全面对社会开放。京东快递目前在全国拥有5 600多辆自营车辆、6 700多个配送点与自提点、10多个冷链仓库,其中,超过3 000个配送站支持生鲜配送,致力于打造中国B2C电商领域订单履约专业物流服务商 |

3.物流与快递的区别

物流是一项系统的工作,快递就是投递,物流的范围包含了快递,快递可以说是物流的一个分支。理清概念之后,我们来细分下两者的区别:

(1)服务对象

快递公司更多的是为个人服务,而物流公司更多的是为企业服务。

(2)运送货物的大小不同

快递公司主要运送的是50千克以下的货物,如衣服、文件、水果、生活用品、少批量的电子产品等,主要是小物件。物流公司主要运送大型货物,如大型机械、大件设备、数目较多的产品等。

(3)运输价格不同

快递公司运输的物品一般是小件物品,多用电动车、摩托车等进行收发货物,所以运输费用较低,一般为10~20元。物流公司运输的物品一般是大型货物,多用整车运输,运输费用较高,一般为几百元至几千元,甚至可达上万元。

(4)到货时间不同

快递公司在寄送距离较远时,一般会采用空运,所以速度一般更快。物流公司全程主要采用汽车运输,所以速度相对较慢。

说一说

结合自己的亲身体验,说说你觉得哪家快递公司的服务比较好,并说明理由。

[任务二]　　　　　　　　　　　　　　　　　　　　　　　　　　　　NO.2

开展电子商务物流

◆ **任务描述**

　　小新在了解了电子商务物流的基础知识以后，要对自己店铺的整个物流环节(拣货、填单、包装、发货等)进行调整和改进，以提高顾客的满意度，使得他们能成为店铺的忠实顾客。

◆ **任务实施**

　　活动一　收单拣货

阅读有益

电子商务物流流程图

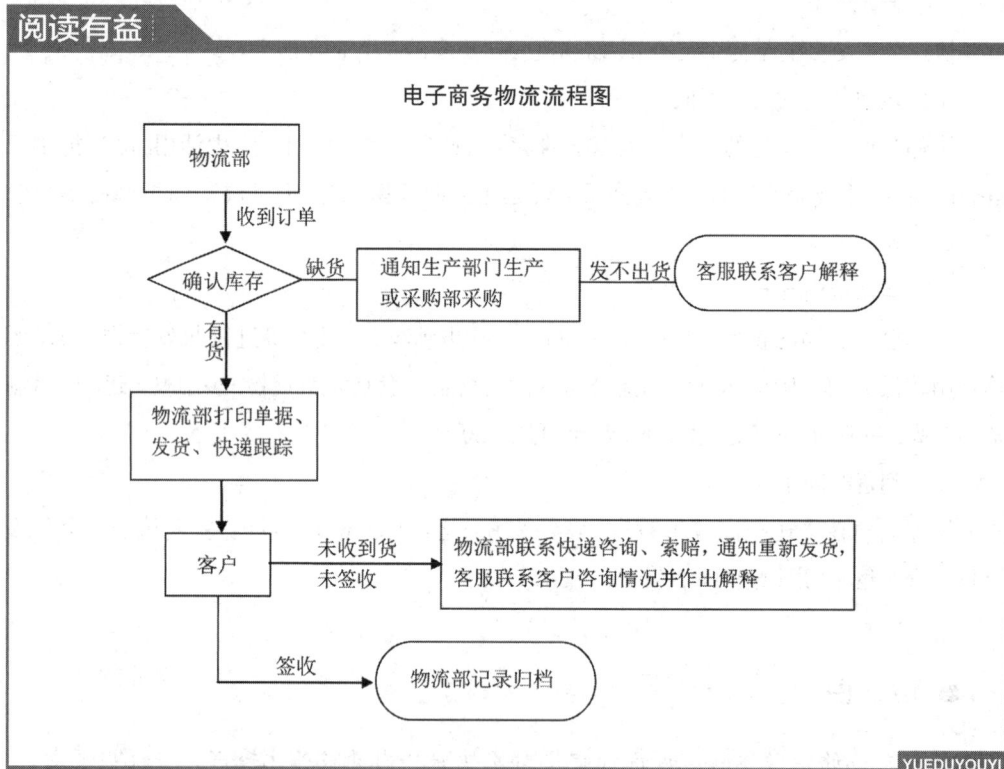

当网店获得买家的订单后，物流部的工作就开始了，具体的工作内容如下：

1.确认库存

　　根据订单内容，物流部首先要确认库房是否有货(特别是看清颜色、数量、尺寸，有无备注，有无赠品)，如果有货则开始准备发货；如果缺货则尽快联系采购部补货或者通知客服人员。

2.填写电子发货单

确认有货以后,要填写网络平台上的发货单,具体操作步骤如下:

①收到买家已支付的订单信息后,查看"等待发货的订单",如图5-3所示。

图 5-3　电子面单平台

②在"等待发货的订单"里查看交易状态,如显示"买家已付款",单击"发货"按钮,如图5-4所示。

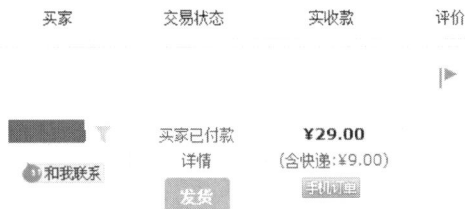

图 5-4　等待发货的订单

③填写寄件人地址和收件人地址,选择自己联系的快递公司,如图5-5所示。

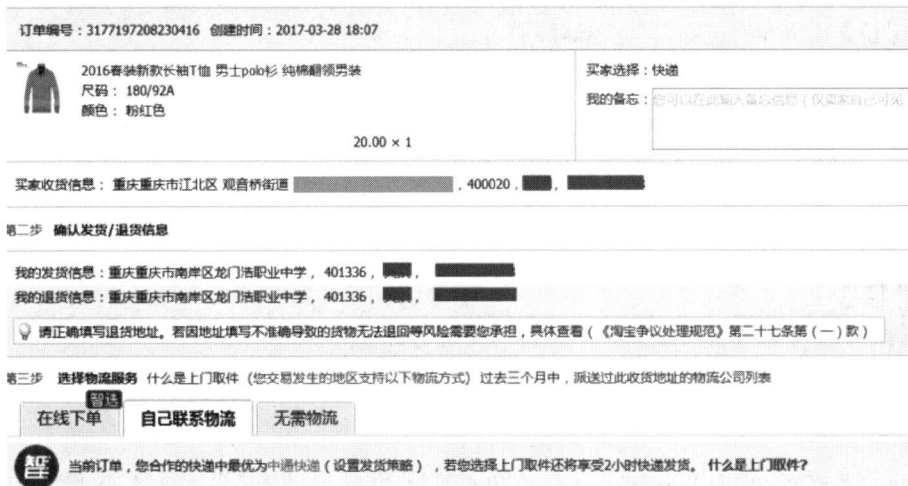

图 5-5　填写寄件人和收件人的地址

④选择发货的快递公司,填入快递运单号,单击"确认"按钮,完成发货电子运单。

3.填写纸质快递运单

(1)填写收/寄件人信息

必填项目包括:寄件人/收件人的姓名、详细地址、固定电话(手机号最佳),所有信息务必要填写清楚,如图5-6所示。

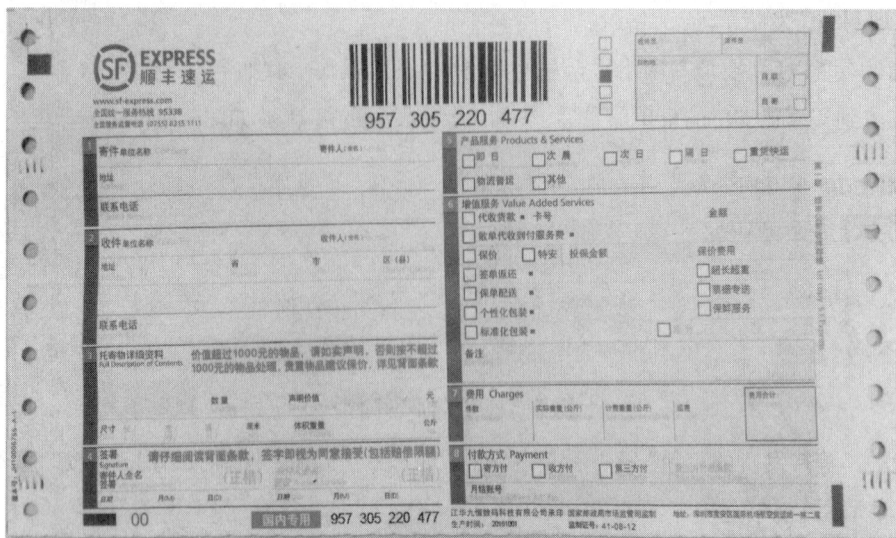

图 5-6　快递单

（2）填写物品详细资料

目前，物流管理越来越严格，寄送的物品都必须开包查验，物品的详细资料一般由快递员来填写。

（3）填写是否保价

寄送费用由寄往的地点和物品的重量决定，一般由快递员填写。需要注意的是：如果是价值超过 1 000 元的贵重物品，可以要求保价，保价后的商品如果丢失会获得全额赔付。不过保价费用也相对较高，可以咨询快递员。

提示：对于发货数量较大的客户，快递公司可以提供快递运单打印系统，能够节省人工填写的时间，提高工作效率。

4.拣货

拣货人员拿着打印好的发货单和快递单进行拣货，拣好货后将发货单、快递单和货品放在一起。

5.货品校验

拣货完成后，可以由物流部的复核人员对货品、快递单及发货单进行核对，核对无误后准备包装。

活动二　包装商品

收单拣货以后，物流部的打包人员要负责对货物进行包装。

1.什么是商品包装

商品包装是指在运输流通过程中保护商品，方便运输，促进销售，按一定的技术方法而采用的容器、材料及辅助物等的总体名称。

2.商品包装的作用

商品包装的作用如图5-7所示。

3.熟悉运输包装

运输包装的作用是为了尽可能降低运输流通过程中对产品造成的损坏,保障产品的安全,方便储运装卸,加速交接点验。

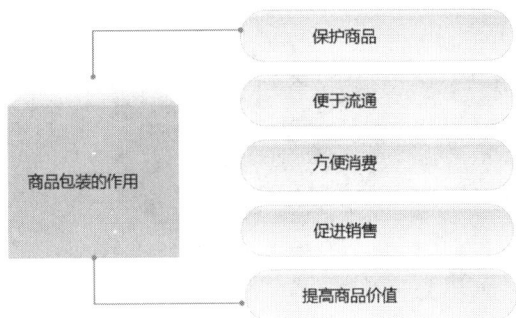

图 5-7　商品包装的作用

（1）运输包装的基本要求

①具有足够的强度、刚度与稳定性;

②具有防水、防潮、防虫、防腐、防盗等防护能力;

③包装材料的选用符合经济、安全的要求;

④包装重量、尺寸、标志、形式等应符合国际与国家标准,便于搬运与装卸;

⑤能减轻工人劳动强度,使操作安全便利;

⑥符合环保要求。

（2）常见的运输包装类型

● 快递纸袋：主要用于运送文件、单据、资料、证件等,如图5-8所示。

● 塑料防水袋：主要用于运送质地柔软及需要防水的物品,重量尽量在1千克以内,如图5-9所示。

图 5-8　快递纸袋

图 5-9　塑料防水袋

● 瓦楞纸盒：主要用于运送体积适中且重量较大的物品,是最常见的快递物品包装,如图5-10所示。不同大小的物品,用不同尺寸的纸盒,但纸盒的尺寸不能小于"快递运单"的尺寸;否则将导致运单损坏,不利于物品的寄送。

● 编织袋：主要用于运送体积较大且重量较大的物品,如图5-11所示。

图 5-10　瓦楞纸盒

图 5-11　编织袋

（3）打包的注意事项

● 打包时应注意包裹内的所需物品是否齐全，物品是否完好，包裹包扎是否严实。

● 包装箱内不能有空隙，标准是无晃动声并用力摁箱子的接缝口而不至于胶带脱落，同时要保证从2米高的地方自然坠地不会损坏包装箱内的物品。

● 涉及空运的物品包装强度要求更高，因为公路运输一般只有1~2次装卸过程，而空运则可能会有6~7次的装卸过程。

● 单件重量不超过50千克，标杆类货物的单件长度不得超过180厘米，板类货物长宽相加不得超过150厘米。

● 严格禁止子母包发运（指2个独立的物品通过简单捆绑、缠绕方式组合到一起成为一件物品）。

● 对于易碎物品的包装，需要特别处理。如果是分件物品一定要分开包装，先用发泡薄膜包4~5层，再用报纸在物品中间和箱体之间垫充。如果体积较大的物品或特别易碎的物品及贵重物品（如玻璃器皿，显示器等）一定要再加木框包装。

● 对于液体物品还需要填充可以吸收所有液体的吸收物（布或棉花）。

● 体积超过1立方米或重量超过10千克的箱子需要打包装带，可以打成井字形或丰字形。

● 对于颗粒状物品务必先装入坚固的袋内再放置于箱内。

想一想

如果一家化妆品店铺要运输一盒洗面奶，应该如何包装？

活动三　发送货物

包装好需要运送的货物后，就可以联系快递公司发货了。

1.发货原则

发货时间：17:00之前付款的订单（包括货到付款订单），当天发货；17:00之后付款的订单（包括货到付款订单），次日发货。原则上，客户付款后24小时内应该发货，如有特殊情况需延长发货时间，应由客服通知客户。

发货的注意事项如下：

①检查货物，发现问题，应及时处理，不能修复的，及时上报，有问题的货物应分出独立存放。

②未发货物和已发货物的发货信息（商品名、网上订单号、运单号、发货时间、快递公司等）都要实时记录。

③订单完成之后，物流部的信息员将所发货物录入《网店发货统计表》，同时登记、打印保存《网店发货单》。

2.处理物流过程中的问题

● 顾客未收到货物或顾客签收时发现货物损坏：物流人员要及时联系快递公司了解情况并索赔，同时为客户重新配送货物或退款。

● 收货地址或联系电话错误：让客服联系顾客取得正确收货地址或电话号码，然后通知快递公司。

阅读有益

修改库存数量

当网店销售一件商品后，库存数量会自动减少，但有时也会因为特殊原因需要手动修改库存数量，其具体操作如下：

①进入淘宝后台操作页面，单击宝贝管理下的"出售中的宝贝"。

②单击库存数字右边的"编辑库存"，然后修改库存数量，再单击"保存"按钮即可完成修改，如图5-12所示。

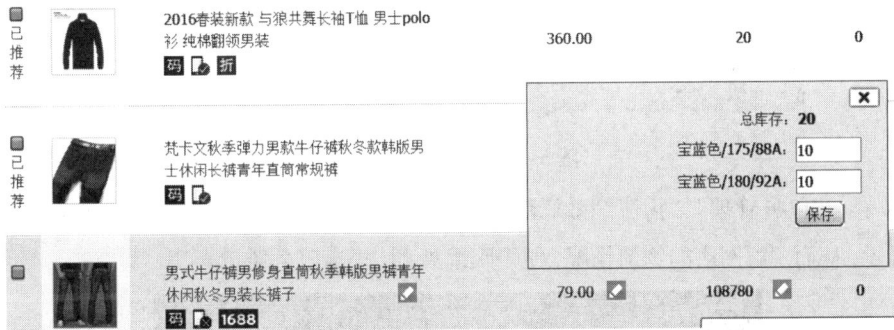

图 5-12　修改库存数量

YUEDUYOUYI

做一做

修改自己的淘宝店铺中某件商品的库存数量。

活动四 管理库存

发货完成后,物流部要及时补充货源,处理滞销产品,优化库存结构。

1.货物保管原则

货物保管的基本原则如下:

①出入库登记。出入库要详细登记商品颜色、样式、规格、出入库数量等详细情况,并填写商品库存剩余数量。

②及时补充货源。发现库存数量较少时,应及时通知采购部补货,避免缺货、断货。

③有序地归类摆放商品。按货物的款式、种类、型号、规格、有序地归类摆放,不得随意放置。

④货架上要标明分区及编号,需标示醒目,便于盘存和提取。

⑤对次品统一放置,形成"实体库",破损严重的产品放入"坏件库"。

⑥地面不得存放货物,以防货物变质,造成不必要的损失,同时影响仓库的清洁。

⑦按先进先出原则,按部就班做好交接工作。

2.使用软件管理库存

通过千牛卖家软件,了解物流信息的步骤如下:

①打开千牛卖家软件,登录千牛平台。

②单击"智选物流",查看相关数据,如图5-13所示。

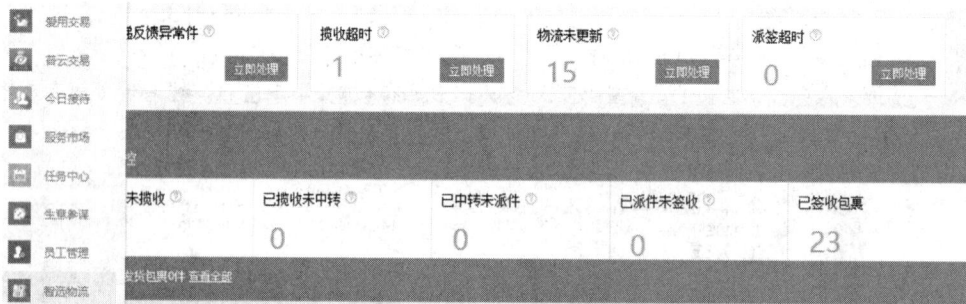

图 5-13 查看物流数据

③单击"包裹管理""物流绩效"和"服务中心",可以查看各种类型的详细数据,如图5-14所示,从而了解网店的物流情况,便于跟踪处理,提高服务质量。

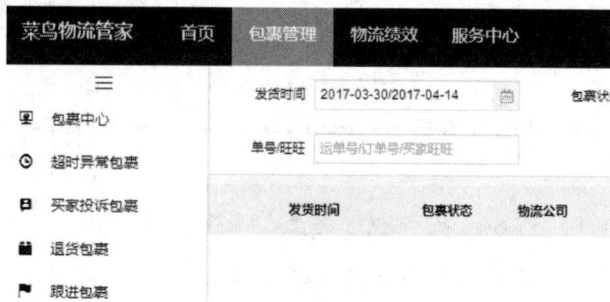

图 5-14 查看各种类型的详细数据

◆ 项目小结

学完本项目后,需要注意的是:

1.人们对资源合理利用和环境保护越来越重视,在保证商品在运输过程中不容易损坏的同时,也要注重环保,不要过度包装,浪费资源。

2.选择快递公司时,既要考虑运送价格,也要考虑运送速度以及对运输物品的保护措施。

3.要经常查看店铺的库存状况,对于库存告急的商品及时补充货源。

◆ 自我检测

一、单选题

1.物流作业过程中需要大量的运筹和决策,如库存水平的确定、运输(搬运)路径的选择、自动导向车的运行轨迹和作业控制、自动分拣机的运行、物流配送中心经营管理的决策支持等问题可以借助物流的(　　)来解决。

A.信息化　　　　　B.自动化　　　　　C.智能化　　　　　D.网络化

2.(　　)要求配送中心根据消费者"多品种、小批量、多批次、短周期"的需求特点,灵活组织和实施物流作业。

A.柔性化物流　　B.虚拟物流　　　　C.物流智能化　　　D.物流自动化

3.构成(　　)的3个要素是软硬件、通信网络以及数据标准化。

A.射频识别技术　B.EDI系统　　　　C.EDI标准格式　　D.GPS技术

4.(　　)作为最新型的定位技术正在广泛应用于军事、科学及人们的生活。

A.EDI系统　　　　B.射频识别技术　　C.条码技术　　　　D.GPS技术

5.以下哪一项是最常见的包装类型?(　　)

A.快递纸袋　　　B.塑料防水袋　　　C.木箱　　　　　　D.瓦楞纸盒

二、多选题

1.电子商务物流系统由(　　　)构成。

A.仓库　　　　　　　　　　　　B.物流运输系统

C.物流信息系统　　　　　　　　D.物流作业系统

2.电子商务物流的特点包括(　　　)。

A.信息化　　　　B.自动化　　　　　C.智能化　　　　　D.商业化

3.以下属于物流信息技术的有(　　　)。

A.条码技术　　　B.射频识别技术　　C.EDI系统　　　　D.虚拟技术

三、填空题

1._____的基本原理是电磁理论,适用于物料跟踪、运载工具和货架识别等要求非接触数据采集和交换的场合。

2.企业_____模式意味着电子商务企业自行组建物流配送系统,经营管理企业的整个物流运作过程。

3.物流_____的基础是信息化,其核心是机电一体化,外在表现为无人化,效果是省力化,另外还可以扩大物流作业能力、提高劳动生产率、减少物流作业的差错等。

四、简答题

1.国内知名的快递公司有哪些,请列举5家公司。

2.物流公司与快递公司有哪些区别?

3.常见的包装类型有哪些?

◆ 项目评价

评价项目		评分标准	得 分
电子商务物流基础	能陈述	什么是电子商务物流（5分） 电子商务物流系统的构成（5分） 电子商务物流的特点（5分） 物流信息技术的内容（5分） 电子商务物流的模式（5分）	
知名物流公司和快递公司	能陈述	2个以上知名物流公司（5分） 5个以上知名快递公司（5分） 物流公司与快递公司的区别（5分）	
收单拣货	能陈述	电子商务物流流程（5分）	
	能操作	填写电子发货单（6分） 填写纸质快递运单（6分）	
包装商品	能陈述	商品包装的概念（5分） 商品包装的作用（5分） 商品包装的注意事项（5分）	
	能操作	正确包装商品（8分）	
发送货物	能陈述	发货原则（5分）	
	能操作	跟踪快递运单（5分）	
管理库存	能陈述	货物保管原则（5分）	
	能操作	软件管理库存（5分）	
总分（100分）			

项目六
网店售后管理

【项目概述】

通过学习电子商务物流，小新提升了物流部门的工作效率，减少了差错，但小新还需要做好售后服务，包括对订单进行管理，处理订单的退换货问题；通过分析营销数据和访客流量，优化商品结构和种类；加强对客户的管理，提高客户回访率，挖掘客户潜在价值。随着社会的发展，消费者除了对商品本身的质量有要求之外，对服务质量的要求也在不断提高，保证售后服务质量才能为店铺赢得长远发展。

【项目目标】

+ 了解网店售后服务的注意事项；

+ 了解客户关系管理的概念、目标和优势；

+ 了解细分客户群体的方法；

+ 了解商品分类的方法；

+ 能建立良好的客户关系；

+ 能正确处理网购纠纷；

+ 能使用客户关系管理工具；

+ 能进行网店商品管理；

+ 能分析和优化商品；

+ 培养学生重视售后服务的意识。

[任务一]

管理订单

◆ 任务描述

　　小新顺利地开展了各种网络营销活动,接下来要为营销做好服务。首先就是要管理好订单,跟踪订单物流情况,处理退换货,管理顾客评价,对于中、差评要及时处理,做好这些工作才能提升店铺的信誉度。

◆ 任务实施

活动一　提供售后服务

1.售后服务的意义

　　售后服务是整个交易过程的重点之一。售后服务和商品的质量、品牌同等重要,其主要作用如下:

　　①优质的售后服务能提高顾客的购物体验,形成服务的差异化,提高店铺的竞争力。

　　②贴心周到的售后服务会给顾客带来愉悦的心情,获得客户的好评,增加店铺的信誉。

　　③售后服务增加了与顾客交流的机会,同时拉进了与顾客之间的距离,增强了顾客对店铺的信任。

2.售后服务的内容

　　(1)应对客户催件

　　在店铺承诺时间内如果没能及时发货,客服人员应及时主动给顾客留言或致电通知并表示歉意。还没超过承诺发货时间,遇到顾客催促时,请顾客耐心等待,并说明原因,及时发货。

　　(2)查件

　　发货后顾客因为没有收到商品进行咨询时,客服应该首先查询物流信息,如有必要还要帮忙联系快递公司,落实准确情况后及时给顾客回复。

　　(3)退换货

　　常见退换货原因及处理办法见表6-1。

表6-1 常见退换货原因和处理办法

退换货原因	处理办法
商品质量问题	往返运费应由卖家承担
七天无理由退货	发货运费由卖家承担，退货运费由买家自行承担
对商品描述有争议，如衣服有色差	一般情况下，发货运费由卖家承担，退货运费由买家自行承担
快递公司造成物品受损	①如果客户还未签收，让客户拒签，重新给顾客发货，然后向快递公司提出索赔； ②如果客户已签收，要求客户提供相关图片证明，先重新给顾客发货，然后向快递公司提出索赔

退货规则见表6-2。

表6-2 退货规则

卖家有5天的时间来处理退款协议	买家提交退货申请并申请退款后，退款协议将等待卖家确认，卖家有5天的时间来处理退款协议。如超时未处理，退款协议将生效，交易进入退货流程
客服介入条件	如果卖家不同意退货退款协议，交易状态会变成"卖家不同意协议，等待买家修改"，此时系统给买家的时间一般是7天，如需再次申请退款请再次操作。如果双方就退款协议问题反复申请拒绝不能达成一致，"客服介入状态"将变成"需要客服介入"，淘宝客服将在退款申请之日起2日内介入，帮助双方协商处理
卖家有10天时间确认收到退货	如果买家选择快递进行退货后，卖家有10天时间确认是否收到退货（具体超时可以查看退款页面的超时提醒），交易状态将变成"买家已退货，等待卖家确认收到退货"。若卖家同意退款协议，退款成功。若卖家拒绝退款协议，请卖家详细说明理由，且积极联系买家协商

退货流程如图6-1所示。

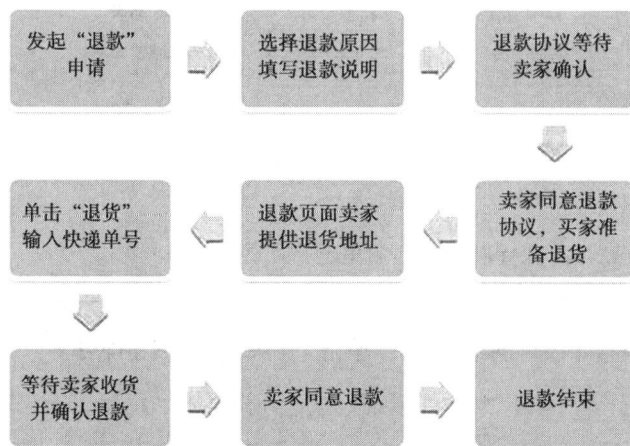

图 6-1 退货流程

当客户发出退货申请后，卖家需要在系统中完成的操作如下：

①进入卖家中心，单击"已卖出的宝贝"，查看"近三个月订单"，在售后状态一栏可查看到"退款"字样，如图6-2所示。

图 6-2　查看退款信息

②当买家提交退款申请后，卖家可以看到退款申请。如同意退款，则单击"同意退款申请"按钮；如不同意退款，则单击"拒绝退款申请"，如图6-3所示。

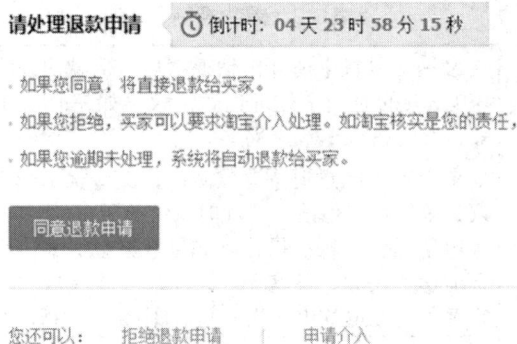

图 6-3　选择是否退款

（4）投诉维权

当卖家遇到以下几种情况，可向淘宝网投诉，如图6-4所示。

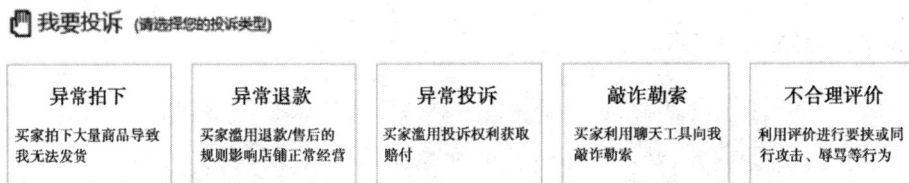

图 6-4　卖家的投诉类型

投诉的步骤如下：

①进入淘宝操作后台，在导航条右上角单击"卖家地图"。

②单击客户服务的"规蜜"，将鼠标移到要投诉的类型，单击"去投诉"，进入如图6-5所示的投诉界面，填写好投诉的订单号后，单击"确认授权"按钮即可。

投诉订单号: (非必填)

> **凭证要求:** 请填写您当前登录账户被攻击的订单编号（最多支持100个订单），若涉及多个订单请在一个case里面统一提交；若订单编号超过100个，建议您分多次进行投诉哦。

订单1: 输入投诉订单号 ⊖

+ 添加投诉订单号

旺旺举证号: (非必填)

☑ 授权淘宝小二查看指定时间内（近75天内）的聊天记录

> **凭证要求:** 请授权淘宝小二查看买家有异常行为的聊天记录；若与您旺旺沟通的账号未拍下订单，您可提取旺旺举证号在"投诉描述"中；旺旺举证号提取方式点击这里查看！

确认授权

图 6-5　投诉界面

活动二　善于评价管理

1.淘宝评价规则

淘宝网有两类评价规则，如图6-6所示。

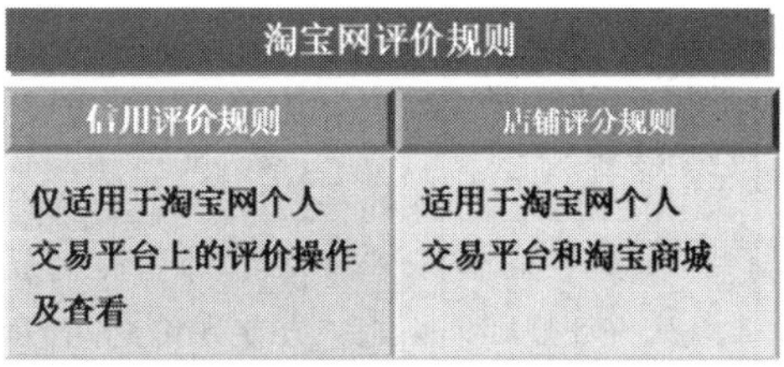

（1）信用评价规则

淘宝网会员在使用支付宝服务成功完成每一笔交易后，双方均有权对对方交易的情况作一个评价，这个评价称为信用评价。信用评价分为"好评""中评""差评"3类，每

淘宝网评价规则	
信用评价规则	**店铺评分规则**
仅适用于淘宝网个人交易平台上的评价操作及查看	适用于淘宝网个人交易平台和淘宝商城

图 6-6　淘宝网的两类评价规则

类评价对应一个信用积分，具体为："好评"加一分，"中评"不加分，"差评"扣一分。信用度是指对会员的信用积分进行累积，并在淘宝网页上进行评价积分显示，评价时间为交易成功后的15天内。

信用度的级别和对应的分数见表6-3。

表6-3　信用度的级别和对应的分数

分　　数	级　　别
4~10分	♥
11~40分	♥♥
41~90分	♥♥♥
91~150分	♥♥♥♥

分　数	级　别
151~250分	❤❤❤❤❤
251~500分	◈
501~1 000分	◈◈
1 001~2 000分	◈◈◈
2 001~5 000分	◈◈◈◈
5 001~10 000分	◈◈◈◈◈
10 001~20 000分	◈
20 001~50 000分	◈◈
50 001~100 000分	◈◈◈
100 001~200 000分	◈◈◈◈
200 001~500 000分	◈◈◈◈◈

信用评价规则见表6-4。

表6-4　信用评价规则

内　容	说　明
退款评价无效	如果交易过程中发生退款，且交易买方选择"未收到货"或"要退货"，则在退款完成后，此交易视为取消，不发生评价，无评价积分
默认好评规则	● 如一方好评而另一方未评，在交易成功15天以后系统将自动默认给予评价方好评； ● 如一方在评价期间内作出"中评"或"差评"，另一方在评价期间内未评的，则系统不给评价方默认评价； ● 如双方在评价期间内均未作出评价，则双方均不发生评价，无评价积分
评价显示规则	● 如交易双方作出的评价都是"好评"（包括按前款规定系统自动作出的"好评"），则评价内容将即时全网显示并计分； ● 如一方给予另一方的评价是"中评"或"差评"，交易双方互评的，则评价内容将在交易双方全部完成评价48小时后全网显示并计分； ● 如仅一方作出"中评"或"差评"，另一方未评，则评价内容将在评价时间截至的48小时后全网显示并计分
评价计分规则	● 每个自然月中，相同买家和卖家之间的评价计分不得超过6分（以支付宝系统显示的交易创建的时间计算），超出计分规则范围的评价将不计分； ● 若14天内（以支付宝系统显示的交易创建的时间计算）相同买卖家之间就同一商品，有多笔支付宝交易，则多个好评只计1分，多个差评只记−1分

评价的修改和删除规则见表6-5。

表6-5 评价的修改和删除规则

好评修改规则	• "中评"或者"差评"在评价后30天内,评价方有一次自主修改或删除评价的机会,可以选择修改,仅限修改成"好评",也可以进行删除
	• 评价经修改以后不能被删除或再次修改。更改后的评价按本规则规定计分
	• 评价修改后,被评价方所作的解释将被清空

(2)店铺评分规则

店铺评分是会员在淘宝网交易成功后,仅限使用买家身份的淘宝网会员(下称"买家")对本次交易的使用卖家身份的淘宝网会员(下称"卖家")进行的评分。

店铺评分规则见表6-6。

表6-6 店铺评分规则

内 容	说 明
评分方法	通过支付宝软件系统成功交易的15天内,买家可以在"已买入的宝贝"页面中对商品进行评分。若在评分期间内未进行评分则无分值,无默认分
交易取消后无评分	如果该笔交易订单在交易过程中发生全部退款,且交易买方选择"未收到货"或"要退货",则在退款完成后,此交易视为取消,不发生评分则无分值
评分内容	3项评分内容:意见与描述相符;卖家的服务态度;物流服务的质量。虚拟物品及不需要使用物流的交易无物流公司服务评分项
评分有效计分次数不超过3次	每个自然月中,相同买家和卖家之间若产生多笔成功交易订单且完成店铺评分的,则卖家的店铺评分有效计分次数不超过3次(以支付宝系统显示的交易创建的时间计算),超出计分规则范围的评分将不计分
评分分值	3项指标打分分值:1分表示非常不满意;2分表示不满意;3分表示一般;4分表示满意;5分表示非常满意
匿名评分	不显示评分人的个人信息及单笔评分分数
店铺评分后无法修改	店铺评分成功后,立即生效,一旦生效即无法修改。若买家对卖家进行店铺评分时,只对其中某些指标作出评分后,就确认提交了,则视为完成店铺评分,无法再次修改和评分
店铺评分展示	店铺评分以滚动的方式展示,且只展示近6个月的评分分数

2.评价问题处理

(1)处理中、差评的一般流程(图6-7)

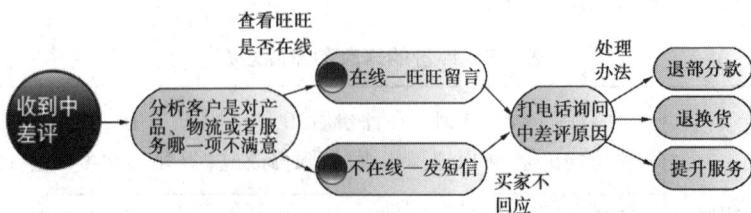

图 6-7 处理中、差评的一般流程

（2）修改和删除中、差评

查看已买商品的评价，如果发现有中、差评，与买家沟通后，买家愿意修改，其操作步骤如下：

①单击"我的淘宝"下的"已买到的宝贝"，单击"评价管理"。

②单击"给他人的评价"，单击"删除评价"或者"修改评价"进行删除或修改。

（3）评价解释

客户作出评价的30天内，卖家对好、中、差评都可以作解释，其操作步骤如下：

①进入卖家中心，单击交易管理的"评价管理"，查看评价情况，如图6-8所示。

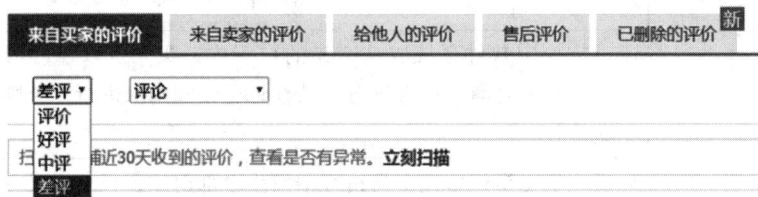

图 6-8 查看评价

②单击查看已买商品的评价，单击"掌柜回复"即可输入掌柜的回复内容，如图6-9所示。

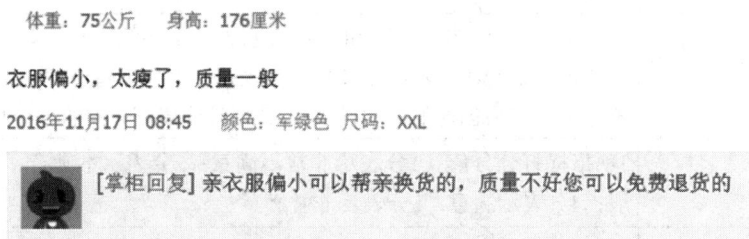

图 6-9 掌柜回复

想一想

一家卖坐垫的店铺，收到买家评价："一次失败的网购，建议其他人不要买，坐垫质量差，使用了十几天后居然裂了。"如果你是卖家应如何处理这个差评，并陈述与买家沟通的内容。

[任务二]

管理客户

◆ **任务描述**

　　管理网店的售后服务,仅仅做好订单管理是不够的,对于客户的管理也是必不可少的。从长远来看,经营网店需要分析客户管理对象,实施有效的客户管理,建立良好的客户关系对于网店的长远发展有重要意义。

◆ **任务实施**

活动一　分析客户管理对象

1.什么是客户关系管理

　　客户管理,也称客户关系管理(CRM),其主要含义就是通过对客户详细资料的深入分析,来提高客户满意程度,从而提高企业的竞争力。客户关系管理的核心是客户价值管理,通过"一对一"营销原则,满足不同价值客户的个性化需求,提高客户忠诚度和保有率,实现客户价值持续贡献,从而全面提升企业盈利能力。

　　"以客户为中心"的个性化服务越来越受到重视。实施CRM的一个重要目标就是能够分析出客户的个性化需求,并对这种需求采取相应措施,同时分析不同客户对企业效益的不同影响,以便做出正确的决策。这些都使得客户分析成为客户管理中不可缺少的组成部分。

2.客户关系管理的目标

　　一方面通过提供更快速和周到的优质服务吸引和保持更多的客户;另一方面通过对业务流程的全面管理降低企业的成本。客户关系管理作为一种新的管理思想,不仅继承了关系营销的核心思想即"以客户为中心",同时更强调对现有客户的保持和提升,从而达到长期的客户满意。

3.客户关系管理的主要优势

客户关系管理的主要优势见表6-7。

表6-7　客户关系管理的主要优势

主要优势	具体表现
降低成本,增加收入	在降低成本方面,客户关系管理使销售和营销过程自动化,大大降低了销售费用和营销费用

续表

主要优势	具体表现
提高业务运作效率	由于信息技术的应用，实现了企业内部范围内的信息共享，使业务流程处理的自动化程度大大提高，从而使业务处理的时间大大缩短，员工的工作也将得到简化，使企业内外的各项业务得到有效的运转，保证客户以最少的时间、最快的速度得到满意的服务
保留客户，提高客户忠诚度	客户可以通过多种形式与企业进行交流和业务往来，企业的客户数据库可以记录分析客户的各种个性化需求，向每一位客户提供"一对一"的产品和服务，而且企业可以根据客户的不同交易记录提供不同层次的优惠措施，鼓励客户长期与企业开展业务
有助于拓展市场	客户关系管理系统具有对市场活动、销售活动的预测、分析能力，能够从不同角度提供有关产品和服务成本、利润的数据，并对客户分布、市场需求趋势的变化，做出科学的预测，以便更好地把握市场机会
挖掘客户的潜在价值	每一个企业都有一定数量的客户，如果能对客户深层次需求进行研究，则可带来更多的商业机会。客户关系管理过程中产生了大量有用的客户数据，只要加以深入利用即可发现很多客户的潜在需求

4.细分客户群体

常用的客户细分依据如下：

• 根据客户的外在属性细分。根据客户的地域分布、客户拥有的产品、客户的组织归属（企业用户、个人用户或政府用户）等进行划分。通常，这种划分最简单、直观，数据也很容易得到。但这种分类比较粗放，我们依然不知道在每一个客户层面，谁是"好"客户，谁是"差"客户。我们能知道的只是某一类客户(如大企业客户) 较之另一类客户(如政府客户)可能消费能力更强。

• 根据客户的内在属性细分。内在属性是指客户的内在因素所决定的属性，如性别、年龄、信仰、爱好、收入、家庭成员数、信用度、性格、价值取向等。

• 根据客户的消费行为细分。在不少行业对消费行为的分析通常采用RFM分类法（从3个方面考虑分类，即最近购买情况、购买频率和购买金额），但RFM分类法并不是每个行业都能适用，如通信行业的客户细分主要依据话费量、使用行为特征、付款记录、信用记录、维护行为、注册行为等。

阅读有益

1.二八定律

"二八定律"是意大利经济学家帕雷托提出来的,因此也被称为"帕雷托法则"。他认为:在任何特定的群体中,重要的因子通常只占少数。在投入和产出、努力和收获、原因和结果之间,普遍存在着不平衡关系,如20%的人口拥有80%的财富,20%的员工创造了80%的价值,80%的收入来自20%的商品。这些关键的少数,往往是决定整个组织产出、盈利和成败的主要因素。在企业管理与营销领域,人们认为客户的分布也存在"二八定律",即企业80%以上的收入是由20%的重要客户带来的,其余大部分客户为企业只带来微利,甚至不带来利润。"二八定律"比较适合一些传统行业,但不太适合电商的零售行业。

2.长尾理论

2004年10月,《连线》杂志主编安德森在一篇文章中首次提出了"长尾理论"(The long tail),彻底颠覆了传统的"二八定律"。"长尾理论"的基本原理是:只要存储和流通的渠道足够大,需求不旺或销量不佳的产品所共同占据的市场份额可以和那些少数热销产品所占据的市场份额相匹敌,甚至更大,即众多小市场也可以汇聚成能与主流大市场相匹敌的市场能量。目前,"长尾理论"已经被成功应用于网络经济领域,成为一种新型的经济增长模式,如图6-10所示。

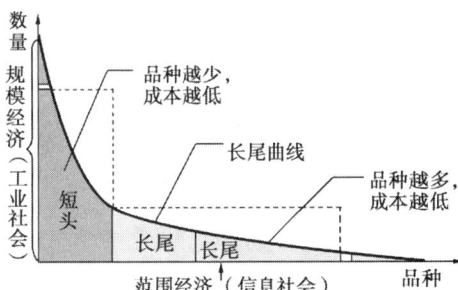

图6-10　"长尾理论"示意图

YUEDUYOUYI

? 想一想

下面对A、B、C、D四家网店进行的客户细分是否有效?"无效"的客户细分存在问题?

①A网店根据客户的年龄进行客户细分。

②B网店按照客户购买和持有的产品类型进行客户细分。

③C网店按照客户的收入和资产进行客户细分。

④D网店按照客户购买产品的先后顺序进行细分。

活动二　管理客户

1.建立良好的客户关系

(1)做好客户跟踪服务

当有人在网店购买过一次商品后,就从潜在顾客成为了现实的客户。对已经发生交易的客户数据进行翔实的记录后，卖家就有了继续跟踪的条件，要通过有意识的跟踪服务，培养客户的品牌忠诚度，将客户流失率降到最低。

跟踪方法：电话、电子邮件、聊天软件。

跟踪内容：是否对所提供的商品感到满意？最满意的是哪方面？如果不满意，能够提出哪些改进建议？

（2）客户关怀

因为网络经营的特点，一般情况下见不到客户本人，在与客户交往的过程中，应该尽力让客户感受到店铺的关心，通过点点滴滴的关怀，让客户感受到网店经营者的诚意和爱心。客户关怀的主要形式有以下3种：

• 温馨提示：在交易过程中，卖家可以将每一个环节的处理过程和交易状态及时通知买家，并提醒买家处理相应的流程。例如：通过手机短信、阿里旺旺留言，通知买家发货时间、物流状态、确认收货、使用注意事项等。

• 节日问候：在过节时，及时送上网店署名的小小问候，能够让客户体会到商家的真诚和关爱。

• 生日祝福：在客户生日当天，给客户发送生日祝福，同时可以采取一些营销的技巧。例如：生日当天购买商品，给予优惠等，也能够吸引到一部分老客户的再次光顾。

2.处理纠纷

（1）常见的纠纷

网店常见的纠纷主要涉及3个方面：顾客的期望值、产品或服务的质量、服务人员的态度与素质。卖家应从这3个方面了解交易过程中容易与买家发生的纠纷，努力加以避免，从而有效地提升顾客满意度。

• 从顾客期望值的角度来看：一般来说，顾客的期望值越大，购买产品的欲望就越大。但是，如果卖家夸大宣传，描述产品与实际产品不符，很容易产生纠纷。例如：卖家夸大手机的优点，超强续航15天，长时间玩游戏不发热等，让顾客对产品的期望值过高，然而当客户收到产品后，却发现实际使用效果没有达到宣传的效果。

• 从产品或服务质量角度来看：产品存在缺陷，有质量问题；产品的包装不当，导致产品在运输途中损坏；卖家在销售某类产品时缺少必要的提醒，造成买家使用不当导致商品发生故障。

• 从服务人员的态度与素质来看：服务态度差，缺乏对客户的尊重和礼貌，缺乏耐心，语言用词不当，引起买家不满；缺乏对商品专业知识的掌握，不能正确回答买家的提问。

（2）处理纠纷的策略与技巧

在处理顾客纠纷时，要掌握以下几个原则：

①保持良好的态度，见表6-8。

表6-8 保持良好态度的具体表现

态　度	具体表现
平常心态	处理纠纷的过程应以平常心对待，当卖家用热情、积极的态度去解决问题时，买家的情绪也会平静下来
换位思考	卖家应体谅买家的心情，站在买家的角度进行反思，分析如何解决问题
学会倾听	认真倾听买家的诉求，并以真诚谦虚的态度对待买家，问题就会更容易解决

②重视买家的抱怨。

不要轻易忽略买家提出的任何一个抱怨，从各种细小的问题中能发现一些经营和管理的问题，如果卖家能够进行有效处理，将会赢得更多忠诚的客户。

③准确及时地解决问题。

当买家发生抱怨或投诉时，应该在最短的时间、用最准确的处理方式、最快速地予以答复，千万不能拖延或回避。

④认真记录每一笔买家投诉及其解决进程。

经过一段时期的积累与总结，卖家可以找出经营过程中的弱点与漏洞，准确地判断是商品本身的问题，还是售后服务问题，或者是配送问题。

3.使用客户管理工具

使用客户管理工具，可以从客户的访问和交易记录等信息中分析其消费习惯及消费偏好，以便于调整网店的经营方向，提高服务水平，针对顾客的需求及时开展各种促销宣传和个性化的推广活动。

（1）订购客户管理工具

客户管理工具是每一个商业经营者都会关注的客户关系维护数据库。很多网站可以提供免费的客户管理工具。

在淘宝网订购客户管理工具的操作步骤如下：

①进入淘宝网操作后台，在营销中心中单击"会员关系管理"，如还未开通则单击"立即开通"。

②选择周期"一年"，单击"立即订购"，然后确认订单。

③单击"同意并付款"后即订购了该项服务，马上可以进入已订购的"客户运营平台"，如图6-11所示。

图 6-11　客户管理工具界面

（2）设置自定义会员体系

①进入客户运营平台，在运营计划下，单击"会员运营"。

②在必选设置项"自定义会员体系"中单击"立即设置"按钮，如图6-12所示。

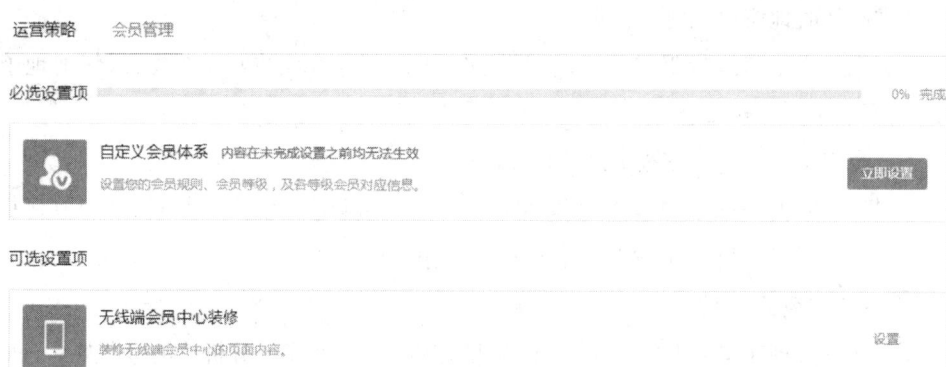

图 6-12　设置会员体系

③设置普通会员的交易额、交易次数、折扣，完成后在下方单击"保存"按钮，如图 6-13所示。

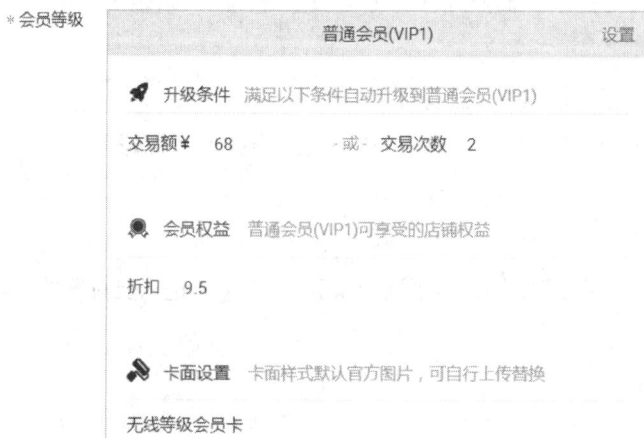

图 6-13　设置具体数据

（3）分析客户

进入客户运营平台，在客户管理下，单击"客户分析"，可了解访客、粉丝、会员和成交客户的具体情况。

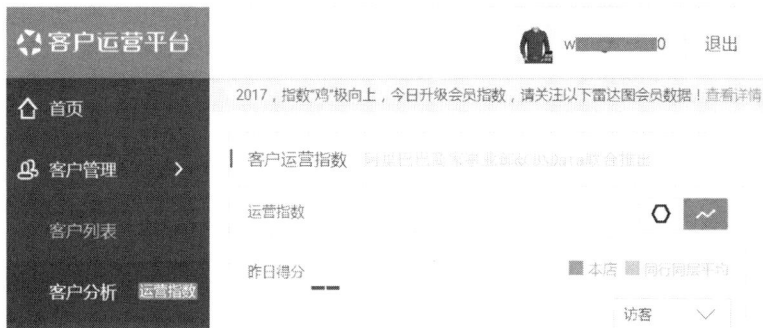

图 6-14 查看客户数据

做一做

1.用搜索引擎搜索一款免费的客户关系管理软件，下载并应用。以3～5位同学的个人资料作为客户原始资料进行操作管理。操作必须包括以下内容：输入客户详细信息：向客户发送商品打折提示信息、向客户发送生日祝福。

2.在淘宝网搜索一些网店获得的中评和差评，进行对比分析，找出买家对哪些环节（商品质量、服务态度、物流或者其他）产生的不满，并提出改进建议和解决方案。

3.一件男式长袖T恤因质量差，被客户给了差评，请对这次差评给出你的处理方案。

[任务三]

管理商品

◆ 任务描述

对于售后管理,管理订单和客户是非常重要的,但商品的管理也是不可缺少的。认识商品管理的原则、必要性和商品分类,然后通过店铺经营的数据进行分析,优化商品的结构和种类,从而提高店铺的销量。

◆ 任务实施

活动一 认识网店商品管理

1.什么是网店商品管理

网店商品管理是指一个网店从分析顾客的需求入手,对商品组合、定价方法、促销活动,以及资金使用、库存商品和其他经营性指标作出全面的分析和计划,通过高效的运营系统,保证在最佳的时间、将最合适的数量、按正确的价格向顾客提供商品,同时达到既定的经济效益指标。

2.网店商品管理的原则

为了更好地实现网店的经营目标,网店商品管理应坚持商品齐全和商品优选的原则。商品齐全就是要保证客户能够买到需要的商品,商品优选就是要选择主力商品。

3.网店商品管理的必要性

(1)有利于对市场的掌控

以一周或者一个月为时间段,了解产品销售情况与竞争对手经营情况,便于及时调整商品与销售策略。

(2)有利于加强内部管理

可以建立标准化的信息传递平台,加强各部门的信息交流,有利于信息共享,团结合作,提高各部门、各环节的配合紧密度,以提高整个公司的工作效率。

(3)有利于提高员工素质

可以减轻营运督导的工作压力,加强对店铺销售的管控能力,简化管理步骤,有助于提高店铺管理人员的分析能力、思考能力等综合能力,从而有利于店铺管理人员的成长。

4.商品分类的方法

• 按商品销售状况分类,可以分为畅销商品、主力商品、试销商品、优惠商品、滞销商品、应淘汰商品等。对不同类别的商品，应配合店铺的特性及同类店铺的情况，制订适用的商品销售计划。

- 按商品周期分类，可分为介绍期商品、全盛期商品、保持期商品、衰退期商品。店铺应对处于不同阶段的商品制订相应的销售策略，使用相关的促销手段，从而增加销售量。

- 按商品价格分类，可分为高价位商品、中价位商品、低价位商品。应配合店铺的经营方针制订价格策略。

- 按照商品销售季节分类，可分为常年销售商品、季节性销售商品。应配合季节的交替及时调整店铺的商品销售计划。

- 按照商品的使用目的分类，可分为送礼品、自己消费用商品、集团消费用商品等。店铺可根据光顾店铺的顾客特性掌握不同商品的比例，制订商品销售计划。

- 按照目标顾客群分类，可以按性别、年龄、职业、生活层次、购买习惯等来区分，并且应该在开店初期即针对这种区分制订商品销售计划。

活动二　分析和优化商品

1.运用生意参谋分析商品数据

在淘宝网上，通常使用生意参谋来查看、分析店铺数据，具体操作如下：

①进入淘宝网后台操作页面，单击营销工具的"生意参谋"。

②在未订购生意参谋工具之前，会提示订购信息，需要先订购该项工具。

③订购该工具后，在"我的服务"里单击进入"生意参谋"，查看页面核心数据，如图6-15所示。

④在生意参谋主页面，可以查看店铺在行业访客量的排名情况，如图6-16所示。

⑤可以单击"实时直播""经营分析""市场行情""自助取数""专题工具""数据学院"了解相关信息，如图6-17所示。

图 6-15　生意参谋的数据

图 6-16　行业访客量排名

图 6-17　实时分析

2.制作统计列表分析

以服装类商品为例,通过表格形式进行统计分析。通常以周或者月为分析周期。

(1)本月主要投诉产品排名表(见表6-9)

表6-9　本月主要投诉产品排名表

投诉货品排名	主要原因分析							店铺销售人员建议	顾客建议
	质量	款式	面料	颜色	尺码	配件	破损		

①本表的目的是通过对顾客投诉严重的前3名货品进行分析, 及时与供应商沟通, 要求退换货或其他优惠补偿, 并进行有效的货品结构调整。

②分析投诉排名与投诉具体状况, 可及时检查货品质量, 调整货品结构、价格或采取其他客户服务的应对措施。

(2) 本月滞销产品排名表 (见表6-10)

表6-10　本月滞销产品排名表

滞销货品排名	销售状况				主要原因分析						店铺销售人员建议	顾客建议
	数量	金额	尺码	颜色	款式	颜色	面料	质量	配件	其他		

①本表的目的是通过对滞销前3名的货品进行分析, 发现滞销款, 及时采取应对措施, 调整货品结构。

②分析滞销排名与滞销具体状况, 可知滞销的程度, 从而把握调整货品的力度和紧急程度。

③分析滞销款的主要原因与销售人员、顾客的建议, 可以避免采购失误, 利于下一次采购货品。

(3) 本月畅销产品排名表 (见表6-11)

表6-11　本月畅销产品排名表

畅销货品排名	销售状况				主要原因分析						店铺销售人员建议	顾客建议
	数量	金额	尺码	颜色	款式	颜色	面料	质量	配件	其他		

①本表的目的是通过对畅销前3名的货品进行分析, 发现畅销款, 优化产品结构, 及时

补货。

②分析销售排名与销售具体状况,可知畅销的程度,从而把握补货的数量。

③分析畅销款的主要原因与销售人员、顾客的建议,可以把握畅销的元素和流行趋势,利于下一次采购。

(4)月竞争对手分析表(见表6-12)

表6-12　月竞争对手分析表

竞争性店面	销售情况	人气情况	产品风格结构比较	新品导入情况	打折情况	促销策略、活动情况	大类产品价格比较

①本表的目的是时刻跟踪竞争对手的举动,取长补短,把握竞争对手的动向,及时把握市场大环境的动向,为店铺价格策略、促销策略、产品策略提供有用信息和依据。

②在使用本表之前要对竞争对手的数量和规模进行调查,并根据竞争力的大小进行排名。

③通过调研分析销售情况、人气情况了解其销售状况,通过调研分析新品导入情况把握其产品导入、变化信息,通过调研分析价格打折情况、促销策略、活动情况来了解对手的促销活动情况,从而采取应对的促销方案。

④通过大类产品价格比较、产品风格结构比较,掌握竞争产品与价格变化的大体范围,跟踪竞争店铺的动向。

(5)阶段服饰流行趋势分析报表(见表6-13)

表6-13　阶段服务流行趋势分析报表

大类排名	主要原因分析						店铺销售人员综合建议
	款式	面料与材质	颜色	花纹图案	装饰配件	其他	

①本表的目的是通过对各类商品的销售状况和零售市场的状况进行分析,把握当下的流行趋势,以利于对本店货品结构进行优化,从而提高采购人员对市场反应的灵敏度和捕

捉能力。

②通过分析款式、面料与材质、颜色、花纹图案、装饰配件等流行产品的特征,找出准确的流行元素,从而有利于采购人员把握采购的趋向。

③根据店铺销售人员综合建议,可以从销售人员角度发现流行趋势,为采购人员提供准确、具体的信息。

3.优化商品

根据分析后,可以对店铺商品进行优化,具体应对措施见表6-14。

表6-14 优化商品的措施

出现的问题	应对措施
严重滞销的商品	下架该商品,寻找替代商品
竞争较大的商品	根据销量来决定是否继续销售,如果没有销量,可以下架或降低价格
投诉量较多的商品	下架该商品,寻找更优质的商品
流量少	优化商品主图
转化率低	优化商品详情页面
店铺销量下降	降低价格;开展促销活动;上新品
库存紧缺	上涨价格
换季产品	降低价格

做一做

根据自己的店铺情况分析经营数据,然后根据分析数据提出优化商品的意见。

◆ **项目小结**

学完本项目后,需要注意的是:

1.提供优质的售后服务,主要表现在客服态度、物流服务和技术服务等方面,但是商品的质量仍然是不可忽视的。

2.在包装物品时,注意包装要细致,防止液体泄漏、易碎物品破损等,尽量避免物流纠纷,减少物流损失,让客户感受到卖家的细心,提高客户的满意度。

3.当遇到买家收货7天后仍要求退换货时,询问其原因,如果买家有合理的理由,应尽量满足买家要求,以赢得顾客的信任。

4.客户关系管理有利于维护客户关系,有助于拓展市场,挖掘客户的潜在价值,但是店铺也需要时常更新商品。

◆ 自我检测

一、单选题

1.( )增加了与买家交流的机会,同时拉进了与买家之间的距离,增强了互相之间的信任,买家很可能会介绍他的亲朋好友来光顾。

A.包装　　　　　B.发货　　　　　C.售后服务　　　　D.进货

2.当买家提出退款时,卖家可以有( )的时间来处理退款协议。

A.3 天　　　　　B.5 天　　　　　C.7 天　　　　　D.10天

3.买家将退货的商品寄出后,卖家可以在( )内确认是否收到退货(具体超时可以查看退款页面的超时提醒)。

A.5 天　　　　　B.7 天　　　　　C.10 天　　　　　D.15天

4.客户关系管理作为一种新的管理思想,不仅继承了关系营销的核心思想即( ),同时更强调对现有客户的保持和提升,从而达到长期的客户满意。

A."提升售后服务"　　　　　　　　B."以客户为中心"

C."提升运输服务"　　　　　　　　D."经常回访"

5.只要存储和流通的渠道足够大,需求不旺或销量不佳的产品所共同占据的市场份额可以和那些少数热销产品所占据的市场份额相匹敌,甚至更大,即众多小市场也可以汇聚成能与主流大市场相匹敌的市场能量。这是( )。

A.二八定律　　　　B.长尾理论　　　　C.帕雷托法则　　　D.需求理论

二、多选题

1.网上购物常见的退换货原因包括( )。

A. 商品质量问题　　　　　　　　　B.七天无理由退货

C. 产品过了保质期　　　　　　　　D.对商品描述有争议

2.以下正确的信用评价规则有( )。

A.如一方好评而另一方未评,在交易成功15天以后系统将自动默认给予评价方好评

B.如一方在评价期间内作出"中评"或"差评",另一方在评价期间内未评的,则系统不给评价方默认评价

C.如一方好评而另一方未评,在交易成功10天以后系统将自动默认给予评价方好评

D.如双方在评价期间内均未作出评价,则双方均不发生评价,无评价积分

3.以下哪几项属于客户关系管理的主要优势?( )

A.提高业务运作效率　　　　　　　B.有助于拓展市场

C.挖掘客户的潜在价值　　　　　　D.提升商品价格

4.顾客满意度通常以3个指标来衡量,包括( )。

A. 顾客的期望值　　　　　　　　　B.产品和服务的质量

C. 物流速度　　　　　　　　　　　D.服务人员的态度与方式

三、填空题

1.买家在淘宝网每使用支付宝成功交易一次,就可以对交易对象作一次信用评价。每种评价对应一个信用积分,具体为:_____不加分,_____扣一分,_____加一分。

2.在淘宝网中,如一方好评而另一方未评,在交易成功_____天以后系统将自动默认给予评价方好评。

3.在淘宝网中,获得"中评"或者"差评",在评价后_____天内,评价方有一次自主修改或删除评价的机会,可以选择修改,仅限修改成"好评",也可以进行删除。评价经修改以后不能被删除或再次修改。

4.在淘宝网中,在交易中作为卖家的角色,其信用度积分为100分时,卖家的信用等级是_____颗红心。

四、简答题

1.客户关系管理的主要优势有哪些?

2.常用的客户细分有哪几种?

3.常见的商品分类方法有哪些?

◆ 项目评价

评价项目	评分标准		得 分
提供售后服务	能陈述	售后服务的意义（5分） 售后服务的内容（5分）	
善于评价管理	能陈述	淘宝评价规则（5分）	
	能操作	处理评价问题（5分）	
分析客户管理对象	能陈述	客户关系管理的内容（5分） 客户关系管理的目标（5分） 客户关系管理的主要优势（5分）	
	能操作	分析客户群体（7分）	
管理客户	能陈述	建立良好的客户关系（5分） 处理纠纷的原则（5分）	
	能操作	使用客户管理工具（7分）	

续表

评价项目		评分标准	得　分
认识网店商品管理	能陈述	什么是网店商品管理（5分） 网店商品管理的原则（5分） 网店商品管理的目的与必要性（5分） 商品分类的方法（5分）	
分析和管理商品	能操作	运用生意参谋分析商品数据（7分） 制作统计列表（7分） 优化商品（7分）	
总　分（100分）			

项目七
警惕电子商务安全

【项目概述】

最近，小新发现新闻报道中经常出现关于电子商务安全的报道，电子商务活动中涉及的各种信息，如银行卡信息、个人信息和订购信息等，都成了不法分子的窃取目标。一旦获取个人的银行卡信息，不法分子就会盗取卡里的资金；如果获取的是个人信息，不法分子也可能通过这些信息实施诈骗。小新觉得自己也应该提高警惕，加强学习，防范电子商务的安全问题，避免给自己和顾客带来不必要的损失。

【项目目标】

+ 了解电子商务安全面临的威胁；
+ 了解电子商务中的常见病毒；
+ 了解电子商务信息安全防范措施；
+ 了解病毒防范技术；
+ 了解身份认证技术；
+ 能识别常见的网络诈骗手段；
+ 能使用常见的防病毒工具。

[任务一]

认识电子商务安全

◆ 任务描述

　　要保障电子商务安全,最重要的是要防范电子商务交易风险。小新首先需要了解常见的电子商务交易风险,如常见的网络诈骗手段、计算机病毒威胁、移动终端安全隐患等。然后,他需要采取相应措施进行防范,避免受到不法分子的攻击。

◆ 任务实施

活动一　了解电子商务安全

1.什么是电子商务安全

　　电子商务安全是一个系统的概念,不仅与计算机网络系统有关,还与电子商务应用的环境、人员素质和社会因素有关。它是物理安全、网络安全、数据安全、信息内容安全、信息基础设施安全及国家信息安全的总和。

2.电子商务信息安全的要素

● 真实性:确保交易者和交易信息的真实存在。

● 机密性:对重要信息加密处理后再进行传输,保证机密信息不被窃取。

● 完整性:未经授权不能改变、伪造、随意生成、插入或删除原有数据,并防止数据传输中的丢失、乱序和重复。

● 可用性:确保授权用户对信息和资源的正常使用。

● 不可抵赖性:要求建立有效制度,使数据发送方在发送信息后不能否认,而接收方接收后也不可抵赖。

3.国内电子商务安全的现状

①缺乏完善的电子商务法律法规和网络犯罪的定罪和处罚的实施细则。

②国内信息产业技术水平不高,电子商务安全技术基础薄弱。

③电子商务发展所需的市场、运行环境还不够完善,社会信用体系没有完全建立。

活动二　识别常见的网络诈骗手段

　　网络诈骗是指以非法占有为目的,利用互联网采用虚构事实或者隐瞒真相的方法,骗取数额较大的公私财物的行为。网络诈骗与一般诈骗的主要区别在于网络诈骗是利用互联网实施的诈骗行为,没有利用互联网实施的诈骗行为便不是网络诈骗。

常见的诈骗手段如下：

1.假冒身份诈骗

假冒身份诈骗的相关内容见表7-1。

表7-1 假冒身份诈骗的手法和防范措施

假冒身份	诈骗手法	防范措施
冒充好友	骗子通过各种方法盗窃QQ账号、邮箱账号后，向用户的好友、联系人发布信息，声称遇到紧急情况，请对方汇款到其指定账户 	遇到此类情况，头脑中务必多一根弦，及时通过电话等方式联系到本人，确认消息是否源自好友或联系人，避免上当
冒充公检法	犯罪分子告知对方涉嫌洗钱、账户安全出问题等事由，冒充公检法等司法机关工作人员，以处理事情为由，诱骗事主向所谓的"安全账户"转账打款，从而实施诈骗 	遇到此类情况，首先要知道没有"安全账户"的存在，不要轻易泄露个人银行账户的相关信息
冒充网站客服	犯罪分子在网上购买网购客户的信息资料，冒充客服人员以交易不成功给客户退款等为由，向受害人发送虚假退款网址进行诈骗 	可以咨询正规购物网站的客服人员，确认其身份，不能轻易转账

2.网络钓鱼

"网络钓鱼"是当前最为常见也较为隐蔽的网络诈骗形式。所谓"网络钓鱼"，是指犯罪分子使用"盗号木马""网络监听"以及伪造的假网站或网页等手法，盗取用户的银行账号、证券账号、密码信息等，然后以转账盗款、网上购物或制作假卡等方式获取利益。具体内容见表7-2。

表7-2　网络钓鱼的手法和防范措施

诈骗手法	具体表现	防范措施
发送电子邮件	诈骗分子以垃圾邮件的形式大量发送欺诈性邮件，这些邮件多以中奖、顾问、对账等内容引诱用户在邮件中填入金融账号和密码，继而盗窃用户资金 那是假的，不要信啊！ 恭喜你中奖了	对于邮件的信息要认真鉴别，不要轻易填写个人的重要信息，特别是证券、基金、银行卡等信息
建立假冒的网上银行、网上证券、网上基金网站	犯罪分子建立起域名和网页内容都与真正网上银行系统、网上证券交易平台极为相似的网站，引诱用户输入账号、密码等信息，进而通过真正的网上银行、网上证券系统盗窃资金	①核对网址：认真核对登录网址和官方公布的网址是否一致。 ②设置复杂的密码，并保管好密码。 ③安装安全防护软件。 ④查看交易记录

3.虚构事实诈骗

虚构事实诈骗的相关内容见表7-3。

表7-3　虚构事实诈骗的手法和防范措施

诈骗手法	防范措施
谎称买家下订单时卡单、购物网站系统故障、身份信息不全、账号被冻结、支付不成功，要求买家打开对方提供的链接，重新支付或重新下订单	不要到非正规网站购物，不要轻信对方的言辞，亲自查询网上订单的支付情况，不要直接给对方银行账号汇款
谎称支付宝系统正在维护，要求买家直接将钱汇到其指定的银行账户中	
谎称互刷网评信誉，要求受害人在指定的网店高价购买商品或缴纳定金	不要轻信对方的言辞
谎称网店正在搞促销、抽奖活动，要求交纳一定的手续费	
谎称某证券公司、基金公司、投资理财公司推出了高收益的产品，要求在网上投资	不要被高回报诱惑，投资有风险，需谨慎

想一想

说出自己经历过或者看到过的网络诈骗，与传统的诈骗有什么区别？应该怎样防范？

活动三　认识电子商务中的常见病毒

1.网银木马

网银木马是针对网上交易系统编写的木马病毒，其目的是盗取用户的卡号、密码，甚至安全证书。网银木马通常针对性较强，木马作者可能首先对某银行的网上交易系统进行仔细分析，然后针对安全薄弱环节编写病毒程序。

（1）网银木马的常见攻击手法

根据各种网银木马使用的技术原理，其攻击手法可以分为以下4种。

• 键盘盗录：这是网银木马最为常用的一种技术手段，绝大多数网银木马都使用了该技术。键盘木马往往以后台进程的方式监控用户的浏览器窗口，当发现用户正在访问网银登录页面或支付页面时，使用钩子(Hook)技术偷偷记录下用户输入的键盘信息，之后通过电子邮件等方式将窃取的账号和密码发回给攻击者。

• 屏幕录像：这是另一种窃取账户信息的手段。当监控到用户在访问网银页面时，木马就会使用截屏、录像等技术，将一段时间内的计算机屏幕复制下来，之后通过电子邮件等方式将内容发回给攻击者。

• 窃取数字证书：犯罪分子通过木马可以远程控制受攻击的计算机，并导出数字证书。此外，由于国内大部分银行均采用IE证书体系来管理文件证书，木马有可能通过Windows提供的编程接口窃取数字证书。

• 嵌入浏览器：嵌入浏览器运行，有时候也称浏览器劫持，是将木马程序的部分代码嵌入到浏览器中，并以浏览器的方式运行。一旦恶意代码进入到浏览器的进程中，就有可能在网银的卡号和密码等敏感数据被浏览器加密之前截获它。

为了更有效地窃取账户信息，网银木马往往会结合上述技术手段中的多项实施攻击。

（2）网银木马的主要传播途径

网银木马是木马的一种，因此通过常见的木马传播途径均可以进行传播和感染，常见的传播途径包括以下4种。

• 网站下载：人们常常会在网站上下载软件、游戏等，攻击者通过捆绑工具将木马捆绑在正常的软件中，并上传到网站。当下载并安装含有木马的软件时，计算机就被感染了。

• 聊天工具：随着网络的普及，QQ、微信等实时聊天工具已经成为人们生活的一部分。正因为如此，攻击者往往借助聊天工具发送木马程序或网页木马URL。值得注意的是：攻击者往往会首先攻击某些存在漏洞的用户，然后以该用户的名义向其好友群发送木马，具有一定的隐蔽性。

●电子邮件：一种常见的木马传播方式，攻击者往往以带有诱惑性的内容诱使用户点击邮件中的附件文件或带有木马的网址。

●网页木马：攻击者会通过专用工具，将普通的网页与木马程序合并成带有木马的网页，当用户点击相应的网页时，如果浏览器或操作系统存在安全漏洞，就会自动下载运行木马程序。

除此以外，随着计算机技术的不断发展，木马的传播途径还在不断扩展中，如制作带木马的bt种子、图片木马、通过蠕虫病毒传播等。

阅读有益

网银木马引发的典型银行卡盗窃案件

辽宁省本溪市发生过一起网上银行系列盗窃案，犯罪分子吴某通过恶意网页传播网银木马，窃得账户密码信息，并通过购买游戏点卡的方式销赃，获利20余万元。

长春市的一起网上银行盗窃案告破，犯罪分子通过网银木马窃取受害人账户信息，再通过网上转账的方式盗取资金。受害人员达十余人，涉案金额40万元。

YUEDUYOUYI

2.盗号木马

盗号木马程序可以通过监测键盘记录或者通过内存提取数据，获得网购用户的第三方支付工具的账号和密码，然后盗刷或者转移其中的资金。

3.红包病毒

（1）伪装红包

不法分子制作与微信红包的外形十分相像的假红包进行发放，它其实是一种木马程序，当用户点击该红包，对方就已经获取了用户手机里的个人信息，包括与手机绑定的支付宝、微信钱包、网银等的账号及密码。

遇到这种"红包"千万别点击，若不慎点击，应第一时间关闭手机网络，立刻修改网银、支付宝等的密码，然后去正规的手机售后部门刷机或重置相关系统，彻底删除这种木马病毒。

（2）AA红包

有些红包点击后会出现AA的收款界面，页面上可能出现"送钱""现金礼包"等字样并要求输入支付密码，让用户误以为是在领红包，而实际上是在转钱给对方。微信红包有自己的专属橙红色界面，不需要进入AA收款界面，也不需要输入密码。单个微信红包的限额是200元，如果发现有人送"666元""888元"之类的大红包，基本上可以确定是骗子红包。

（3）代金券红包

不法分子发送"代金券红包链接"，用户点击后会被要求填写身份证号、账号、手机号等信息才可以领取红包。此类红包存在恶意插件，在用户填写信息的时候就在盗取用户手机中更多的信息。

（4）二维码红包

不法分子用"二维码生成器"将病毒程序生成二维码，再通过微信进行散播，谎称扫描该二维码即可领取红包。当用户扫描二维码后，会弹出一个是否允许进行授权的提示。一旦点击允许，该病毒程序将读取手机内的个人信息并发送给对方。

想一想

讲述一下自己在网上交易过程中遇到或者看到过的病毒，病毒的表现是什么？最后是如何解决的？

[任务二]
NO.2
认识电子商务安全的防范技术

◆ 任务描述

小新虽然知道了电子商务有交易风险，但是通过哪些网络安全技术可以预防这些风险呢，小新还需要继续学习。电子商务系统中使用的安全技术包括病毒防范技术、身份认证技术和数字签名等。现在，让我们一起来学习吧！

◆ 任务实施

活动一　养成良好的防范习惯

1.设置手机密码

为手机设置访问密码（数字密码、图案密码、指纹密码，见图7-1）是保护手机安全的第一道防线，以防智能手机丢失时，不法分子可能会获取手机里的支付账号和密码。

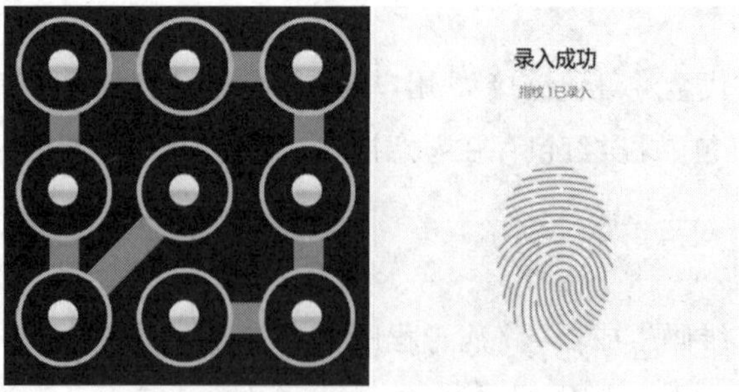

图 7-1　各种类型的密码

2.安全地使用Wi-Fi

目前，在很多宾馆、饭店、咖啡厅等公共场所搭建了免费Wi-Fi，但也给电子商务交易带来了安全隐患，常见的防范措施如下：

①勿见到免费Wi-Fi（特别是没有密码的Wi-Fi）就用，要用可靠的Wi-Fi 接入点，防止接入虚假Wi-Fi；关闭手机和平板电脑等设备的无线网络自动连接功能，仅在需要时开启。

②在公共场所使用Wi-Fi时，尽量不要进行与资金有关的转账和支付，如图7-2所示。

3.不随便扫二维码

不要随便扫来历不明的二维码，防止手机里的个人信息被盗取，如图7-3所示。

图 7-2　不要通过公共 Wi-Fi 进行资金操作 　　　图 7-3　不要扫描不明二维码

做一做

为自己的手机设置锁屏密码或者指纹密码。

活动二　认识病毒防范技术

在电子商务交易活动中，最常见的病毒是各种木马程序，可采用以下防范技术：

（1）采取软键盘

软键盘输入能有效地防范使用键盘盗录技术的木马，但由于屏幕盗录木马能完整地记录下用户的操作画面，软键盘技术仍有一定的局限性。

（2）经常升级操作系统安全补丁

经常升级操作系统的安全补丁可以有效防止木马程序的攻击。

（3）安装杀毒软件

安装杀毒软件是防止木马程序的有效手段，常见的杀毒软件如下：

● 360安全卫士：一款由奇虎公司推出的完全免费的防毒杀毒软件，拥有木马查杀、恶意软件清理、漏洞补丁修复等多种功能，使用非常广泛，如图7-4所示。

图 7-4　360 安全卫士的界面

● 金山毒霸：金山公司推出的计算机安全产品，监控、杀毒全面、可靠，占用系统资源较少。其软件的组合版功能强大，集杀毒、监控、防木马、防漏洞为一体，是一款具有市场竞争力的杀毒软件，如图7-5所示。

图 7-5　金山毒霸的界面

● 百度卫士：百度公司出品的防毒杀毒软件，集计算机加速、系统清理、安全维护三大功能于一身，为用户提供优质的计算机及网络安全服务，如图7-6所示。

图 7-6　百度卫士的界面

做一做

安装一款常见的杀毒软件，查看软件功能并使用软件查杀病毒和优化计算机。

活动三　了解身份认证技术

1.什么是身份认证

身份认证也称为"身份验证"或"身份鉴别"，是指在计算机及计算机网络系统中确认操作者身份的过程，从而确定该用户是否具有对某种资源的访问和使用权限，进而使计算机和网络系统的访问策略能够可靠、有效地执行，防止攻击者假冒合法用户获得资源的访问权限，保证系统和数据的安全，以及授权访问者的合法利益。

由于电子商务是通过互联网完成的，买卖双方并没有直接见面，所以身份认证授权对于保障电子商务的交易安全具有十分重要的作用。

2.身份认证的常见方式

在电子商务交易活动中，认证用户身份主要有3种基本方式：

• 密码验证：依据用户填写的账户和密码进行身份认证，如图7-7所示。

• 物理介质验证：依据用户持有的物理介质进行身份认证，当用户访问系统资源时，必须要有合法的物理介质。在网上购物时，如需要通过网上银行支付，可采用U盾验证（见图7-8）进行支付。

• 生物识别：依据用户独一无二的生物特征进行身份认证，如手机上的支付宝可采用指纹支付、人脸认证技术。在支付宝设置指纹支付的基本步骤如下：

①打开手机支付宝，单击下方导航条上的"我的"，再单击"设置"。

②单击"支付设置"，再开启"指纹支付"，如图7-9所示。

③验证指纹，输入支付密码后即可开通指纹支付功能。

图 7-7　密码验证界面

图 7-8　网银的 U 盾

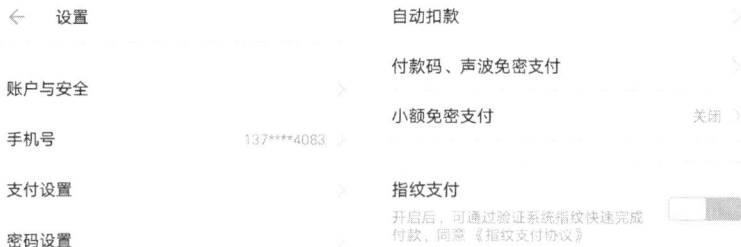

图 7-9　指纹支付设置

◆ 项目小结

学完本项目后,需要注意的是:

1.不法分子经常在网络上假冒身份进行诈骗,当收到和财产相关的信息时,必须要认真核实对方的身份。

2.随着网上银行的广泛使用,假冒网上银行的网站也越来越多,我们应该要认真识别网站的真伪,其中最重要的一点就是要仔细核对网址,看是否和银行公布的网址一致,避免自己的财产受到损失。

3.在公共场所使用陌生的Wi-Fi时,尽量不要进行与资金有关的银行转账与支付,如果需要用到支付软件时,选择使用手机运营商的网络。

4.为了防范计算机中毒,除了要安装防病毒软件,还要定期查杀病毒,下载和安装文件时,尽量选择官网下载或者知名的网站下载。

◆ 自我检测

一、单选题

1.以下哪一项不属于常见的网上欺诈行为?(　　　)

　A.假冒QQ好友骗钱　　　　　　　　B.冒充网站客服诈骗

　C.发送虚假邮件　　　　　　　　　　D.散播网银木马

2.以下哪种方式不是识破假银行网站的正确方法?(　　　)

　A.核对网址　　　　　　　　　　　　B.查看交易记录

　C.在网站上尝试转账是否成功　　　　D.安装杀毒软件

3.在公共场所使用陌生的Wi-Fi时,尽量不要( )。

    A.浏览新闻　　　　　B.用支付宝充话费　　C.发微博　　　　　D.用QQ聊天

4.( )确定该用户是否具有对某种资源的访问和使用权限,防止攻击者假冒合法用户获得资源的访问权限,保证系统和数据的安全,以及授权访问者的合法利益。

    A.预防病毒　　　　　B.预防诈骗　　　　　C.数字签名　　　　　D.身份认证

5.以下哪种方式不利于防范病毒和木马对手机的攻击?( )

    A.下载和安装各种软件

    B.为手机安装安全防护软件

    C.设置锁屏密码或者指纹密码

    D.不要轻易打开在QQ、微信、短信、邮件中的链接

二、填空题

1._____ 是指犯罪分子通过使用"盗号木马""网络监听"以及伪造的假网站或网页等手法,盗取用户的银行账号、证券账号、密码信息等,然后以转账盗款、网上购物或制作假卡等方式获取利益。

2.360安全卫士是一款由奇虎公司推出的完全免费的_____,拥有木马查杀、恶意软件清理、漏洞补丁修复等多种功能。

三、简答题

1.简述网上常见的欺诈手段。

2.简述常见的电子商务病毒。

3.常见的防病毒工具和防火墙工具有哪些?

◆ 项目评价

评价项目		评分标准	得　分
识别常见的网络诈骗手段	能陈述	网上假冒身份的诈骗方式和预防措施（8分）	
		网络钓鱼的诈骗方式和预防措施（8分）	
		虚构事实的诈骗手段和预防措施（8分）	
认识电子商务常见病毒	能陈述	网银木马的攻击方法和预防措施（8分）	
		盗号木马的攻击方法和预防措施（8分）	
		红包病毒的攻击方法和预防措施（8分）	
警惕电子商务信息安全	能操作	设置手机密码（8分）	
	能陈述	如何安全使用公共Wi-Fi（8分）	
认识病毒防范技术	能安装和设置	常见的杀毒软件（10分）	
了解身份认证技术	能陈述	什么是身份认证（8分）	
		身份认证的常见方式（8分）	
	能设置	支付宝的指纹支付功能（10分）	
总　分（100分）			

项目八
熟悉电子商务法律法规

【项目概述】

通过学习电子商务安全的相关知识，小新知道了电子商务安全的重要性，也知道了该如何保证电子商务交易安全。但是，电子商务未来的发展，除了电子商务安全问题，还有很多其他问题需要解决，如电子合同的法律问题、电子商务的知识产权保护问题、电子商务的税收问题等，这就需要国家法律的保护以及电子商务行业规则的约束，还有行业从业人员良好的电子商务职业道德。

【项目目标】

+ 了解电子商务存在的法律问题；

+ 了解电子认证法律规范；

+ 了解电子合同法律法规；

+ 了解电子商务税收法律规范；

+ 了解电子商务知识产权法律规范；

+ 能遵守淘宝网平台规则；

+ 能遵守京东商城平台规则；

+ 养成良好的法律意识和职业道德。

[任务一]

熟悉电子商务涉及的法律问题

◆ 任务描述

小新想了解电子商务行业目前遇到了哪些法律问题以及电子商务行业已有的相关法律法规,如电子签名法、电子认证法律规范、电子合同法律法规、电子商务税收法律规范、电子商务知识产权法律规范等,以便在今后的营销活动中能做到知法、懂法,遵守电子商务相关法律。

◆ 任务实施

活动一 了解电子商务法律

1.电子商务法律

电子商务法律是指调整以电子交易和电子服务为核心的电子商务活动所发生的各种社会关系的法律规范的统称。它主要由两部分组成,即一般商法和特殊商法。

2.电子商务相关法律问题

电子商务的显著特点是全球性,也正因为如此,电子商务面临着一系列不可避免的法律问题。具体内容如下:

• 电子合同的法律问题。这就是如何在互联网中使用电子合同与交易对手进行交易以及如何认定其法律效力。

• 电子商务的知识产权保护问题。电子商务活动中涉及域名、计算机软件、版权、商标等诸多问题,这些问题单纯地依靠加密等技术手段是无法加以充分有效保护的。

• 电子商务的税收问题。电子商务的蓬勃发展对税收原则、税法修订、税收征管、税务稽查、税务人员的素质等提出了严峻挑战。

• 电子商务的网络侵权。常见的几种构成网络侵权的情况是通信失误、侵犯隐私权 、非法进入和使用数据。

3.电子商务的立法现状

(1)《电子商务法》的立法背景

《中华人民共和国电子商务法》(以下简称《电子商务法》)起草的背景是电子商务活动中的网络欺诈、虚假促销、售后服务不当、个人信息被泄露等情况频繁发生,电子商务引发的合同问题、知识产权问题、信息安全问题、纳税问题,以及围绕互联网支付、互联网理财的互联网金融问题等都亟待规范,如图8-1所示。

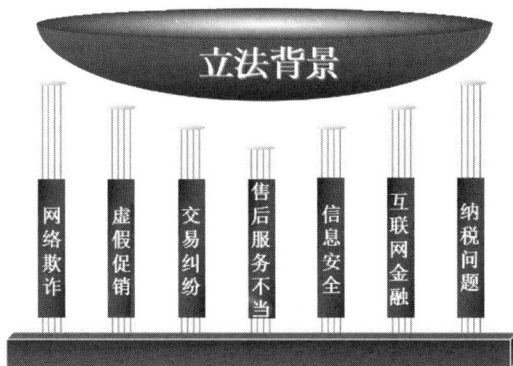

图 8-1 《电子商务法》的立法背景

（2）《电子商务法》的立法进程

2013年12月7日，全国人大常委会在人民大会堂召开了《电子商务法》第一次起草组的会议，正式启动了《电子商务法》的立法进程。

2015年1月至2016年6月开展并完成法律草案起草。

2019年1月1日，我国第一部电商领域的综合性法律《中华人民共和国电子商务法》开始实施。

4.制定《电子商务法》的目的

（1）为电子商务的规范发展提供了法律环境

电子商务法律为电子商务创造了一个良好的法制环境，并以此来规范电子商务交易各方在虚拟网络下进行交易的规则，保证整个交易活动的有序进行。

（2）促进新技术在电子商务中的广泛应用

电子商务法律平等地、开放地对待基于书面文件的用户和基于数据电文的用户，充分发挥高科技手段在商务活动中的作用，为电子商务的普及创造了便利条件。

（3）有效遏制侵犯电子商务交易安全的行为

电子商务网上交易的安全不仅要靠技术保障措施，更重要的是靠电子商务相关法律来规范。

活动二 了解电子签名法

1.什么是电子签名

《中华人民共和国电子签名法》（以下简称《电子签名法》）中明确规定，电子签名是指数据电文中以电子形式所含、所附用于识别签名人身份并表明签名人认可其中内容的数据。而数据电文是指以电子、光学、磁或者类似手段生成、发送、接收或者储存的信息。

2.电子签名的功能

从电子签名的定义中可以看出，电子签名有两个基本功能：①识别签名人身份；②表明签名人对内容的认可。关于电子签名的规定是根据签名的基本功能析取出来的，认为凡是满足签名基本功能的电子技术手段, 均可认为是电子签名。

3.《电子签名法》的主要内容

《电子签名法》重点解决了5个方面的问题:

● 确立了电子签名的法律效力;

● 规范了电子签名的行为;

● 明确了认证机构的法律地位及认证程序, 并给认证机构设置了市场准入条件和行政许可的程序;

● 规定了电子签名的安全保障措施;

● 明确了认证机构行政许可的实施主体是国务院信息产业主管部门。

4.电子签名的应用

电子签名从2005年《电子签名法》颁布实施以来, 在很多领域都被广泛使用, 如网上银行、实体银行、电子政务、电子合同等。

想一想

电子签名的广泛应用能给电子商务行业带来哪些好处?

活动三　了解电子认证的法律法规

1.什么是电子认证

电子认证是采用电子技术检验用户合法性的操作, 其主要内容有以下3个方面:

● 保证自报姓名的个人和法人的合法性的本人确认。确认本人的简单方法一般有组合使用用户ID和密码、磁卡或IC卡和密码。需要进行慎重的认证时, 可利用指纹、虹膜等可识别的人体生物信息。

● 特别是通过电子商务进行贵重物品的交易时, 保证个人或企业间收发信息在通信途中和到达后不被改变的信息认证。

● 数字签名。在数字信息内添加署名信息。

2.电子认证的特征

电子认证以其所具有的四大特征在信息化应用中起到了基础性、关键性的作用。

● 真实性: 要确保交易双方的真实身份、信息内容真实以及交易发生时间的真实性。

● 完整性: 确保双方交易的信息是完整的、没有被篡改过和伪造过。

● 机密性: 确保电子交易中数据电文、交换数据、信息的保密性, 使之不被交易双方以外的交易无关个体获知。

● 不可否认性: 确保了交易双方不能对其参与过交易的事实进行抵赖, 它为日后可能存在的交易纠纷提供了一个可信的证据。

3.电子认证的目的

电子认证的目的就是通过证书授权机构对公共密钥进行辨别和认证（包括跨国认证）以防止或减少因密钥的丢失、损毁或解密等原因造成电子文件环境交易的不确定因素及不安全性风险。同时，认证证明书还能佐证密钥申请人的资信状况。

4.电子认证服务管理办法

《电子认证服务管理办法》于2009年2月18日以中华人民共和国工业和信息化部令第1号公布，自2009年3月31日起施行。

想一想

电子认证能给电子商务行业带来哪些好处？

活动四　了解电子合同法律法规

1.什么是电子合同

电子合同，又称电子商务合同，可以界定为：电子合同是双方或多方当事人之间通过电子信息网络以电子的形式达成的设立、变更、终止财产性民事权利义务关系的协议。通过上述定义可以看出：电子合同是以电子的方式订立的合同，其主要是指在网络条件下当事人为了实现一定的目的，通过数据电文、电子邮件等形式签订的明确双方权利义务关系的一种电子协议。

2.电子合同面临的问题

我国现阶段的电子合同监管主要存在的问题有：

①电子合同的实体法和监管的程序法等立法不能适应现阶段的要求。

②相关的技术与配套工程没有确立，从而无法保证电子合同的监督与管理工作。

③现有的工商登记制度无法对网络交易主体进行监管，没有统一的认证机构。

④工商行政管理机关执法人员的水平和能力有限，执法的手段单一。

3.电子合同的特征

（1）一种民事法律行为

电子合同这种民事法律行为是双方或者是多方民事主体的法律行为。当事人之间签订的这种合同是合同的电子化，是合同的新形式。

（2）交易主体虚拟和广泛

电子合同订立的整个过程所采用的是电子形式，通过电子邮件、网络等方式进行电子合同的谈判、签订及履行等。

（3）技术化和标准化

电子合同是通过计算机网络进行订立的，它有别于传统的合同订立方式，电子合同的整个确认过程都需要一系列的国际国内技术标准予以规范,如电子签名、电子认证等。

(4)合同订立电子化

电子合同中的要约和承诺均可以用电子的形式完成,只要输入相关的信息符合预先设定的程序,计算机就可以自动做出相应的意思表示。

活动五　了解电子商务税收法律规范

1.电子商务税收的特点

电子商务实现了整个交易活动的电子化,使传统的贸易活动可以在网络中展开,因此,赋予了电子商务税收不同于传统税收的一些特点,如图8-2所示。

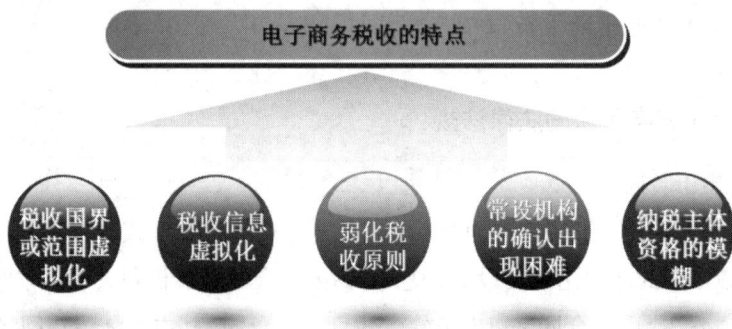

图 8-2　电子商务税收的特点

(1)税收国界或范围虚拟化

传统的税收法律制度是由各个主权国家制定并执行的,各国税法规定了本国的征税范围、应税项目、免税政策和征收管理办法。随着电子商务的发展,商业交易已经不存在地理界限,这就使得税收问题无法用国界来进行区分,很难依靠一个国家的税收法律规范来规范电子商务的征税。

(2)税收信息虚拟化

一个国家的税收制度能否有效地发挥作用取决于如何将信息转变为纳税义务,如果缺乏足够的税务信息,任何税种都无法实施。税务信息的虚拟化使得税收相对较难被获取,无法满足现行税制对税务信息的要求。

(3)弱化税收原则

网上贸易使得一些税收原则虚拟化,如国际税收中的税收管辖权,它是为了避免重复征税而设立的基本原则之一,但是电子商务的发展使得这一原则黯然失色。电子商务的发展促使经济活动与特定地点间的联系弱化,通过互联网提供的贸易与服务很难控制和管理,往往很简单的交易也可能涉及几个管辖区,使得税收管辖权难以确定,弱化了税收原则。

（4）常设机构的确认出现困难

常设机构是指企业进行经营活动的固定场所，按国际上的一般做法，只有在某个国家设有常设机构，并取得归属于该常设机构的所得，才能被认为从该国取得所得，由该国行使地域税收管辖权征税。电子商务的特点使得常设机构的确认出现了困难。

（5）纳税主体资格的模糊

难以判断传统的贸易税收中的自然人、法人、非法人等都具有建立在真实经济条件下的主体资格。电子商务消除了国家间的物理界限，各类市场主体均可以轻易地跨越国界参与到电子商务活动中，电子商务交易主体变得更加广泛，交易参与者的主体资格变得更加模糊。

2.电子商务税收的法律意义

电子商务作为一种商业活动，其本质与传统贸易交易方式是一样的，都是实现商品或劳务的转移，差别仅在于实现手段的不同。电子商务税收的法律意义如下：

①对电子商务活动收税是维护国家的税收主权和税收利益，保障国家的财政收入。税收主权是国家经济主权必不可少的重要组成部分。

②规范电子商务税收可以增强电子商务参与各方的确定性和适用性，使各方的税收负担具有确定性、公平性和合理性，保障电子商务交易的安全性。

③电子商务税收是政府充分发挥职能的体现。税收是政府调节经济的重要手段之一。

3.我国电子商务税收出现的问题

（1）纳税主体难以确定

新税收征的管理办法仍在征求意见中，尚未颁布实施，相关配套监管措施尚未健全，"实名制"落到实处仍需一段时间。

（2）征税对象难以明确

在互联网交易中，许多交易的对象为虚拟产品或数字化产品。这些商品形式模糊了有形商品、无形劳务和特许权之间的界限，税务机关难以依据现行税制确定其所得应归为销售所得、劳务所得还是特许权所得，进而难以确定适用税种和税率。

（3）交易进程难以管控

由于互联网交易具有无纸性、隐匿性、跨地域性等特点，税务机关难以掌握交易的进程。这就导致在确定纳税义务发生时间、纳税地点、应纳税额等税收要素时难度加大，尤其是虚拟商品的销售，更与税务机关的监管系统和税收征管手段难以衔接。

4.国内电子商务税收管理办法

（1）个人卖家的纳税义务

目前，我国并未出台专门针对互联网交易如何征的法律法规。入驻淘宝、天猫等电商网络平台的个人卖家应与线下销售一样依法纳税。个人卖家的纳税义务主要体现在以下两个方面：

● 个人所得税：对入驻淘宝、天猫等电商网络平台从事经营活动的个人卖家的个人所得税征管，按个体工商户进行征税，有定期定额征收和查账征收两种方式，见表8-1。

表8-1　个人所得税征收办法

征税方式	适用范围
定期定额征收	达不到建账标准的个人入驻卖家； 适用于经主管税务机关认定和县级以上税务机关批准的生产、经营规模小，达不到《个体工商户建账管理暂行办法》规定设置账簿标准的个体工商户的税收征收管理
查账征收	税务机关对建账账户采用查账征收方式征收税款

阅读有益

北京市个人所得税征税办法

①对个人所得税核定征收的个体工商户：

月经营额	个人所得税征收率/%
2万元以下	0
2万元（含）至5万元	0.6
5万元（含）至10万元	1
10万元（含）以上	1.8

②对达到建账标准的个人入驻卖家：

按照《个体工商户个人所得税计税办法》的规定，以每一纳税年度的收入总额，减除成本、费用、税金、损失、其他支出以及允许弥补的以前年度亏损后的余额，为应纳税所得额，适用5%~35%的超额累进税率。

YUEDUYOUYI

● 增值税：入驻淘宝、天猫等电商网络平台，从事商品销售以及提供应税服务的个人卖家均为增值税纳税义务人。增值税纳税人分为小规模纳税人和一般纳税人。个人卖家由于规模较小，一般按照小规模纳税人履行纳税义务。各地可以在5 000~20 000元规定具体的起征点金额，增值税纳税义务为当期不含税销售额×征收率3%。以北京市为例，个人卖家的增值税起征点为20 000元。

（2）企业卖家的纳税义务

企业卖家亦应当依照《中华人民共和国增值税暂行条例》及《中华人民共和国企业所得税法》等相关法律法规的规定缴纳增值税和企业所得税。具体如下所述。

● 增值税：企业卖家应根据《中华人民共和国增值税暂行条例》的规定，以当期不含税销售额×征收率3%按照小规模纳税人纳税，或适用增值税率，以销项税额和进项税额的差额，按照增值税一般纳税人纳税。

● 企业所得税：企业卖家的所得税纳税义务为：每一纳税年度的收入总额减去不征税收入、免税收入、各项扣除以及允许弥补的以前年度亏损后的余额，乘以企业适用税率。通常，企业所得税的税率为25%。企业（如高新技术企业）因享受税收优惠政策，适用较低税率的，其通过互联网平台产生的营业额同样适用。

活动六　了解电子商务知识产权的保护问题

1.什么是知识产权

知识产权是指人们就其智力劳动成果所依法享有的专有权利，通常是国家赋予创造者对其智力成果在一定时期内享有的专有权或独占权。知识产权从本质上说是一种无形财产权，它的客体是智力成果或知识产品，是一种无形财产或没有形体的精神财富，是创造性的智力劳动所创造的劳动成果。

2.电子商务对知识产权的影响

（1）电子商务对传统商标权的影响

在网店设计中，传统的商标经过技术处理具有了很多新的变化，有的可以漂浮晃动，有的可以变换色彩，有的可以与音效结合，所以不能再将它们定义为商标，也就不能按照商标进行保护。

（2）电子商务对知识产权保护的影响

①法院管辖难确定。在传统的知识产权纠纷案件的法院管辖上，多采用被告所在地或侵权行为地法院管辖。但是互联网上的侵权行为，难以确定具体的行为地点和受害地点。

②证据难确定。在电子商务活动中，电子数据存储在计算机内，其打印出来的"书面形式"只是一种复制品，因此要取得原件是困难的。

（3）电子商务对传统著作权保护的影响

①对著作权的侵犯较多。在电子商务活动中，可以将任何作品通过数字转换成二进制数码进行存储和传播，一件作品可以在极短的时间内传遍全球，这对著作权的保护带来了严重的威胁。

②网页是否享有著作权。网店页面中的主要颜色、图案、文字组合等，可能被复制出来。因此，尽管在著作权法中没有将网页列为作品，实际上网页属于作品的范围，对于网页是否享有著作权，还存在着争议。

③著作权主体的认定困难。由于网上直接创作的作品未留下任何书面的原稿证据，对于使用笔名、假名的作品在认定方面就存在很大的困难，而且保护的起算时间也难以确定。

3.保护知识产权的应对措施

①建立自律机制，推动立法。不断完善知识产权保护制度，要顺应时代的要求，针对社会发展需求和经济发展水平建立起适应时代要求的知识产权保护措施，为我国的电子商务

活动的开展与革新起到积极的推动作用。

②完善电子商务及知识产权法律制度。将电子商务活动列入法律完善管理制度之中，制定专门性的针对电子商务活动操作的法律条文，强调电子商务活动受到法律的保护和约束，使得电子商务的合法与非法行为有着一个很明确的界限，减少新形势下出现的知识产权法律空白以及模糊情况。

③强调"一体化"保护手段，创造良好的电子商务环境。要加强执法力度，实现一体化的综合保护手段。不仅要求执法机关加强协同工作，还要求在运用法律方面实行综合处理。对于那些侵犯他人知识产权的行为一定要严厉制裁，只有坚持严格的执法力度，才能使我国的电子商务活动形成良性循环。

想一想

保护知识产权能给电子商务行业带来哪些好处？

[任务二]   NO.2

学习电子商务平台规则

◆ 任务描述

小新已经对电子商务行业的相关法律有了一定的了解，但是开网店不仅要遵守法律，还需要遵守电商平台制订的规则，因此特别需要了解电商平台制订的注册规则、经营主体规则、违规行为规则等，其中，淘宝网平台和京东电商平台的规则很具有代表性，遵守平台规则才能使网店更好地运营，避免受到电商平台的处罚。

◆ 任务实施

活动一　了解淘宝网平台规则

打开浏览器，输入网址https://rule.taobao.com，查看淘宝电商平台（以下简称"淘宝"）常见规则，如图8-3所示。

1.注册规则

①会员应当严格遵循淘宝系统设置的注册流程完成注册。

②会员在选择其淘宝会员名、淘宝店铺名或域名时应遵守国家法律法规，不得包含违法、涉嫌侵犯他人权利、有违公序良俗或干扰淘宝运营秩序等的相关信息。

图 8-3　淘宝网平台规则的页面

③淘宝网会员的会员名、店铺名中不得包含旗舰、专卖等词语。

④会员名注册后无法自行修改。

⑤淘宝有权收回同时符合以下条件的不活跃账户:

● 绑定的支付宝账户未通过实名认证;

● 连续6个月未登录淘宝或阿里旺旺;

● 不存在未到期的有效业务,有效业务包括但不限于红包、淘金币、集分宝、天猫点券等虚拟资产及其他订购类增值服务等。

2.经营主体规则

①通过淘宝身份认证、提供本人(包括企业及企业店铺负责人等)真实有效的信息,且企业店铺负责人关联的企业店铺数不能超过5家。

②将其淘宝账户与通过实名认证、信息完善的支付宝账户绑定。

③经淘宝排查认定,该账户实际控制人的其他阿里平台账户未被阿里平台处以特定的严重违规行为处罚或发生过严重危及交易安全的情况。

④淘宝网会员发布商品的数量可能受到以下限制:

● 淘宝网有权根据卖家所经营的类目、信用积分、违规情况等维度调整其商品发布数量上限;

● 淘宝网卖家发布闲置商品不得超过50件。

3.违规行为规则

(1)违规行为分类

违规行为根据严重程度分为严重违规行为及一般违规行为,两者分别扣分、分别累计、分别执行。卖家因出售假冒商品遭受的扣分将单独累计,不与其他严重违规行为合并计分。

● 严重违规行为:严重破坏淘宝经营秩序或涉嫌违反国家法律法规的行为。

● 一般违规行为:除严重违规行为外的违规行为。

（2）严重违规行为以及处理办法

● 不当注册，是指用户通过软件、程序等方式，批量注册淘宝账户的行为。淘宝对使用软件、程序批量注册开通的账户每次扣48分。

对于淘宝排查到的涉嫌不当注册的会员，淘宝将视情节采取警告、身份验证、限制创建店铺、限制发送站内信、限制发布商品、限制网站登录、限制旺旺登录、限制买家行为等临时性管控措施。

● 发布违禁信息，是指会员发布国家禁止出售的商品或信息，即《淘宝禁售商品管理规范》中构成严重违规行为的商品或信息。针对发布违禁信息的商家，将依据《淘宝禁售商品管理规范》的相关规定进行处罚。

● 出售假冒商品的情节和扣分见表8-2。

表8-2　出售假冒商品的情节和扣分

出售假冒商品情节	扣　分
卖家出售假冒、盗版商品且情节特别严重的	每次扣48分
卖家出售假冒、盗版商品且情节严重的	每次扣24分
卖家出售假冒、盗版商品，实际出售的	每次扣12分
为出售假冒、盗版商品提供便利条件的，情节严重的	每次扣12分
卖家出售假冒、盗版商品，通过信息层面判断的	每件扣2分
为出售假冒、盗版商品提供便利条件的	每次扣2分

对利用阿里巴巴营销推广平台出售假冒、盗版商品的卖家，淘宝将根据情节严重程度给予升级处理。

● 假冒材质成分，是指卖家对商品全部材质或成分信息的描述与买家收到的商品完全不符，其情节和扣分见表8-3。

表8-3　假冒材质成分的情节和扣分

假冒材质成分情节	扣　分
卖家首次假冒材质成分的	删除商品，扣6分
再次及以上假冒材质成分的	删除商品，每次扣12分
特定类目卖家假冒材质成分的，不论是否首次	删除商品，每次扣12分

● 盗用他人账户，是指盗用他人淘宝账户或支付宝账户，涉嫌侵犯他人财产权的行为。盗用他人账户的情况，淘宝收回被盗账户并使原所有人可以通过账户申诉流程重新取回账户，盗用者每次扣48分。

● 泄露他人信息，是指未经允许发布、传递他人隐私信息，涉嫌侵犯他人隐私权的行为，具体处罚见表8-4。

表8-4 泄露他人信息的处罚

泄露他人信息的情节	扣 分
出现泄露他人信息的情况，淘宝网对所泄露的信息进行删除	每次扣6分
情节严重的	每次扣48分

- 骗取他人财物，是指以非法获利为目的，非法获取他人财物，涉嫌侵犯他人财产权的行为。出现骗取他人财物的情况，淘宝对用以骗取他人财物的商品或信息及因此产生的交易评价进行删除，每次扣48分，延长交易超时并对其绑定的支付宝收款账户采取强制措施。
- 扰乱市场秩序，是指以任何方式，刻意规避淘宝的各类规则或市场管控措施，或以不正当的方式获取、使用淘宝官方资源的行为。每次扣24分，情节严重的扣48分。
- 不正当牟利，是指会员或运营服务商、品牌商等第三方采用不正当手段牟取利益或采用其他手段牟取不正当利益的行为，包括但不限于以下情形：

会员向阿里巴巴工作人员及/或其关联人士明确表达不正当牟利意图或已经开始实施不正当牟利行为，但由于会员意志以外的原因而未得逞的，构成不正当牟利未遂，每次扣12分。有以下情形之一的，视同为不正当牟利行为，见表8-5。

表8-5 不正当牟利的行为和扣分

不正当牟利行为	扣 分
卖家为阿里巴巴工作人员的	每次扣48分
卖家为阿里巴巴工作人员之关联人士且该阿里巴巴工作人员未依据《阿里巴巴集团商业行为准则》规定进行如实申报	每次扣24分
若有利用阿里巴巴工作人员职务便利条件的	每次扣48分

- 拖欠淘宝贷款，是指会员自阿里巴巴金融申请并获得淘宝贷款，到期未足额偿还贷款本息或其他费用，经阿里巴巴金融自催及委外催收仍未归还的行为。每次扣48分，该会员符合特定条件的关联店铺永久不得参加淘宝营销活动。

（3）一般违规行为以及处理办法

- 滥发信息，包括以下情形：广告信息、信息与实际不符、信息重复、商品要素不一致、规避信息、品牌不一致、行业特殊要求。
- 发布未经准入商品，是指会员未经淘宝备案或审查，发布需要准入类目所属的商品或信息。发布未经准入商品的卖家，每次扣12分，同时淘宝下架或删除该违规商品及信息。
- 虚假交易，是指用户通过虚构或隐瞒交易事实、规避或恶意利用信用记录规则、干扰或妨害信用记录秩序等不正当方式获取虚假的商品销量、店铺评分、信用积分或商品评论等不当利益的行为。具体的处罚见表8-6。

表8-6 虚假交易的处罚

虚假交易	处罚办法
卖家进行虚假交易	将对卖家的违规行为进行纠正，包括删除虚假交易产生的商品销量、店铺评分、信用积分、商品评论等
情节严重的	将下架卖家店铺内所有商品

● 描述不符，是指买家收到的商品或经淘宝官方抽检的商品与达成交易时卖家对商品的描述不相符，卖家未对商品瑕疵、保质期、附带品等必须说明的信息进行披露，妨害买家权益的行为。

● 违背承诺，是指卖家未按照约定向买家提供承诺的服务，妨害买家权益的行为。卖家须履行消费者保障服务规定的如实描述、赔付、退货、换货、维修服务等承诺；或卖家须按实际交易价款向买家或淘宝提供发票；卖家须向买家支付因违背发货时间承诺而产生的违约金。

● 竞拍不买，是指买家拍得商品后拒绝成交，妨害卖家权益的行为。每次扣12分，并须按照《阿里拍卖平台管理规范》相关规定处理拍卖流程中最终锁定的拍卖保证金。

● 恶意骚扰，是指会员采取恶劣手段对他人实施骚扰、侮辱、恐吓等，妨害他人合法权益的行为。每次扣12分；情节严重的，视为严重违规行为，每次扣48分。

● 滥用会员权利，是指会员不以消费为目的，滥用会员权利损害他人合法权益、妨害淘宝运营秩序的行为。对滥用会员权利产生的订单采取订单关闭、不计销量等管控措施。

● 未依法公开或更新营业执照信息，是指通过支付宝实名认证中企业类认证的卖家，未在淘宝规定的期间内公开或及时更新其营业执照信息的行为。未依法公开或更新营业执照信息，或未在其营业执照信息变更完成之日起30天内更新的，卖家需公开或更新其营业执照信息，每次扣12分。

● 不当使用他人权利，是指会员发生以下任一行为：卖家在所发布的商品信息或所使用的店铺名、域名等中不当使用他人商标权、著作权等权利的；卖家出售商品涉嫌不当使用他人商标权、著作权、专利权等权利的；卖家所发布的商品信息或所使用的其他信息造成消费者混淆、误认或造成不正当竞争的。

若发生上述任一行为，淘宝对卖家所发布的不当使用他人权利的商品或信息进行删除。同时，淘宝网将按照如下规定对卖家进行处理，见表8-7。

表8-7 不当使用他人权利的处罚

不当使用他人权利的行为	扣 分
卖家不当使用他人权利的	每次扣2分
卖家不当使用他人权利，情节严重的	每次扣6分
情节严重达三次及以上的	每次扣48分
卖家不当使用他人权利，情节特别严重的	每次扣48分

● 提供虚假凭证，是指会员为牟取利益向淘宝提供伪造、变造的资质证明材料的行为。会员提供虚假凭证的，每次扣12分。

做一做

列举淘宝电商平台规定的需扣12分的违规行为。

活动二　了解京东平台规则

输入网址https://help.jd.com进入京东商家帮助中心，单击"京东规则"，了解京东平台规则。

京东平台的规则有很多，但最重要的是京东开放平台总则，如图8-4所示。

图 8-4　京东开放平台总则

1.违规行为分类

违规行为分为严重违规行为和一般违规行为。

● 严重违规行为：指严重破坏京东网站经营秩序并涉嫌违反国家法律法规的行为。卖家严重违规行为的说明请详见《"京东JD.COM"开放平台卖家积分管理规则》之严重违规行为说明。

● 一般违规行为：指除严重违规行为外的违规行为。商家一般违规行为的说明请详见《"京东JD.COM"开放平台卖家积分管理规则》之一般违规行为说明。

2.违规处理方式

为保障买家或京东的正当权益，维持市场正常运营秩序，在商家违规处理期间京东按

照情形对商家采取违规处理措施,包括但不限于以下方式:

- 限制参加营销活动:限制商家参加京东官方发起的营销活动。
- 限制发布商品:限制商家发布新商品。
- 限制开新店:限制商家在京东开放平台开设新的店铺。
- 限制社区功能:禁止商家使用京东社区、商家论坛版块等社区类服务。
- 店铺屏蔽:在搜索、导航、营销等各项服务中对商家店铺及商品等信息进行屏蔽。
- 关闭店铺:删除商家的店铺,下架店铺内所有出售中的商品,禁止发布商品,并禁止创建店铺。
- 公示警告:在商家的商家管理系统、商家论坛等位置对其正在被执行的处理进行公示。
- 限制商家登录:禁止商家登录京东网站。
- 限制使用咚咚:禁止商家使用京东咚咚聊天工具。
- 限制发货:限制商家操作商品出库的行为。
- 查封账户:永久禁止商家使用违规账户登录京东、商家管理系统、咚咚等。

3.违规处理具体措施

违规处理具体措施如下:

①商家发生违规行为的,其违规行为应当及时纠正,京东将对该商家扣以一定积分且在商家管理系统或商家论坛等位置公布。自然年度违规扣分在次年的一月一日零时清零。

②违规行为根据严重程度分为严重违规行为和一般违规行为,两者分别扣分、分别累计、分别执行,但针对一事仅作一次处理,不涉及重复处理。

③商家违规行为的纠正,包括但不限于以下方式:

- 出售假冒商品的,京东对商家所发布的假冒商品及信息进行删除;
- 出售未报关进口商品的,京东对商家所发布的未报关进口商品及信息进行删除;
- 盗用他人账户的,京东收回被盗账户,原所有人可以通过京东申诉重新取回账户;
- 假冒材质成分的,京东对商家所发布的假冒材质成分的商品及信息进行删除;
- 虚假宣传的,京东对商业活动中商家利用广告或其他方法对商品或者服务做出与实际内容不相符的虚假信息相关商品及/或信息进行删除;
- 发布违禁信息的,京东对商家所发布的违禁商品及信息及因此产生的交易评价进行删除;
- 发布非约定商品的,京东对商家所发布的非约定商品及信息进行删除;
- 泄露他人信息的,京东对商家所泄露的他人隐私资料的信息进行删除;
- 骗取他人财物的,京东对用以骗取他人财物的商品或/及信息及因此产生的交易评价进行删除;
- 滥发信息的,京东删除商家所滥发的商品或/及信息;同时京东对有滥发信息行为的商品或/及信息进行搜索降权处理;

- 虚假交易中通过不正当方式提高店铺评分,京东删除商家因虚假交易产生的店铺评分并下架店铺内商品;虚假交易中通过不正当方式提高商品销量的,京东删除该商品及虚假交易产生的店铺评分;同时京东对有虚假交易的店铺或商品进行搜索降权处理;

- 描述不符的,商家对商品材质、成分、品质等信息的描述与买家收到的商品不符,或导致买家无法正常使用的,京东下架该描述不符的商品;商家未对商品瑕疵等信息进行披露或对商品的描述与买家收到的商品不相符,且影响买家正常使用的,京东下架该描述不符的商品;

- 违背承诺的,商家须履行如实描述义务或买家保障服务规定的赔付、退货、换货、维修服务;或商家须按实际交易价款向买家/或京东提供发票;

- 不当注册的,京东对商家使用软件、程序方式大批量注册的账户进行查处;并对滥用权利提交的订单予以取消;

- 不当使用他人权利的,京东对商家所发布的不当使用他人权利的商品及信息进行删除;

- 咚咚或400电话使用违规的,京东对商家咚咚或商家开通的400电话使用权限进行限制;

- 商家不配合平台管理的,京东对商家采取警告公示、商品下架、限制发布商品等违规处理措施。

④被执行违规处理的商家,按照《"京东JD.COM"开放平台卖家积分管理规则》当其全部违规行为被纠正、违规处理限权期届满且执行完毕后,商家使用权限方可恢复至正常状态。

⑤针对商家的首次或者非故意实施的违规行为,京东将视情形给予纠正和教育,并要求商家进行自查。

4.违规处理执行

①商家的违规行为,通过其他商家、权利人的投诉或京东排查发现。

②商家自行作出的承诺或说明与本规则相悖的,除证据有误或判断错误的情形外,对违规行为的处理不中止、不撤销。

③京东对商家的违规行为将按《"京东JD.COM"开放平台卖家积分管理规则》执行,详见《"京东JD.COM"开放平台卖家积分管理规则》的内容。

④京东开放平台将依照事实证据按规则的相关规定对商家进行管控。

5.违规申诉

针对违规行为,商家可在被违规处理之时起总计7日内(京东审核时间除外)通过京东商家后台提交违规申诉申请,商家提交申诉资料后将由京东开放平台客服中心及质控部核实处理。具体申述请参照《违规申诉管理规则》。

6.退出管理

商家可以随时选择主动退出京东开放平台。此外,京东开放平台也针对商家制订了有关主动退出或被清退的相关管理细则。京东开放平台有权在特定情况下限制商家登录或强制退出/清退商家。

若商家发生以下任一情形,京东有权进行清退:

①存在恶意竞争、影响买家权益、影响京东平台声誉等违反市场公平竞争原则、诚实信用原则、公序良俗的行为。

②通过不正当手段使用京东注册Logo、域名等用于不正当宣传、商业活动,给买家造成误导、侵犯京东知识产权等给京东造成影响的行为。

③在线上、线下等渠道,通过文字或图片等方式发布恶意诋毁、故意矮化京东的言论,给京东造成不良影响的行为。

④违反《京东开放平台卖家积分管理规则》,严重违规扣分达100分的。

以上情形,京东除有权清退商家、终止与其合作外,另可向商家追究其法律责任。

[任务三]

培养电子商务职业道德

◆ 任务描述

小新了解了电子商务相关法律知识,了解了电商平台的规则,但是小新觉得养成良好的电子商务职业道德也是不可缺少的。要养成良好的电子商务职业道德,先要了解电子商务职业道德包括哪些内容,然后严格要求自己,从小事做起。

◆ 任务实施

活动一 了解电子商务职业道德

1.电子商务从业人员的职业道德

作为新型人才的电子商务从业人员,必须要提高自身素质,加强职业道德修养,树立正确的职业道德思想,它既是对本职人员在职业活动中的行为标准和要求,同时又是对社会所负的道德责任与义务。

2.树立正确的电子商务职业道德思想

(1)不过分挑剔职业

电子商务领域的各个工作岗位只不过是在社会分工方面存在区别,并没有高低贵贱之分。不要认为做网店运营、网店美工才是好工作,网店库管人员、网店客服就是差的工作,无论哪种工作都能培养出优秀的电子商务人才。

（2）树立不断学习的职业意识

电子商务行业发展速度很快,行业规则和市场也在不断变化,树立不断学习的态度,是电子商务从业人员所必备的素质。

（3）不断激发自己的潜能

能客观认识电子商务行业的职场现状,想在职场获得发展,要有积极努力的工作态度,从而积极调动自己在各方面的潜力和工作能力,以获得更好的工作业绩。

（4）培养正确的财富思想

在市场经济越来越趋向社会化的形势之下,有部分人为了追求财富,不惜卖假货,进行诈骗,不讲诚信,欺骗消费者,养成了错误的财富观念。追求财富要通过正确的方法和途径,通过自己的勤奋努力来实现,切记不能图一时之利,做出违背道德和法律的事情,避免在赚取钱财的道路中走向歧途。

想一想

如何树立正确的职业道德思想?

活动二　培养电子商务职业道德

1.在日常行为中培养

从小事做起,严格遵守行为规范。例如:学生证、干部证、文明监督岗的佩戴,遵守校纪、班纪、宿舍纪律等,按照学校的各种规范来要求自己。每一位同学要从自我做起,从行为规范要求入手,从行为习惯训练抓起,持之以恒,就能养成良好的学习和生活习惯。

2.在专业学习中训练

电子商务专业理论知识与专业技能是形成职业信念和职业道德行为的前提和基础。在专业学习中训练职业道德行为的要求是:

（1）增强职业意识,遵守职业规范

学生要在电子商务专业学习和实习中增强职业意识,遵守职业规范,这是未来干好工作,实现人生价值的重要前提。

（2）重视电子商务技能训练,提高职业素养

每位同学都要重视技能训练,向行业内优秀的人学习,刻苦钻研,培养过硬的电子商务专业技能,提高自己的职业素养。

3.在社会实践中体验

电子商务职业道德的养成离不开社会实践,社会实践是职业道德行为养成的根本途

径。在社会实践中体验职业道德行为的方法有：

（1）参加社会实践，培养职业情感

在社会实践中有意识地进行体验，开网店或者到电子商务公司实习，进而了解社会、了解职业、了解自我，熟悉职业、体验职业、陶冶职业情感，培养对职业的正义感、热爱感、义务感、主人感、荣誉感和幸福感等情感。

（2）学做结合，知行统一

在社会实践中，把学和做结合起来，把学到的职业道德知识、职业道德规范运用到实践中，落实到职业道德行为中，以正确的道德观念指导自己的实践，理论联系实际，言行一致，知行统一。

想一想

如何培养电子商务职业道德?

◆ 项目小结

学完本项目后，需要注意的是：

1.电子商务行业现在虽然已经制定了一些法律法规，但是还没有一部专门针对电子商务的法律，不利于电子商务的发展，制定一部完整的电子商务法是非常必要的。

2.电子签名在很多领域都被广泛使用，涉及银行、证券、保险、政务等领域，还包括电子政务、电子合同的签署。

3.电子商务知识产权的保护无疑有利于电子商务行业的发展，但是，现在对于电子商务知识产权的保护还存在很多困难。

4.在淘宝网开店，一定要认真了解淘宝平台规则，重点了解注册规则、经营主体规则和违规行为规则，特别要了解哪些行为会被扣分。

5.从事电子商务行业，不能为了追求财富欺诈消费者，必须要讲诚信，树立良好的职业道德。

◆ 自我检测

一、单选题

1.以下哪一项不属于电子商务行业出现的相关法律问题?（　　　）

A.电子合同的法律问题　　　　　B.电子商务的税收问题

C.电子商务的网络侵权　　　　　D.电子商务的发展问题

2.电子签名在（　　　　）行业尚未广泛应用。

　　A.银行　　　　　　　　　　　　B.餐饮

　　C.保险　　　　　　　　　　　　D.证券

3.在淘宝网规则中,卖家出售假冒、盗版商品且情节特别严重的扣（　　　　）。

　　A.6分　　　　　　　　　　　　B.12分

　　C.24分　　　　　　　　　　　　D.48分

4.在淘宝网规则中,商家再次及以上假冒商品材质成分的,处理办法是（　　　　）。

　　A.删除商品,每次扣12分　　　　　B.删除商品,每次扣24分

　　C.每次扣12分　　　　　　　　　　D.每次扣24分

二、填空题

1.淘宝网规则首页的网址为＿＿＿＿＿＿＿＿＿＿＿＿。

2.＿＿＿＿＿＿＿＿是指数据电文中以电子形式所含、所附用于识别签名人身份并表明签名人认可其中内容的数据。

3.电子认证以其所具有的四大特征：＿＿＿＿＿＿、＿＿＿＿＿＿、＿＿＿＿＿＿、＿＿＿＿＿＿,在信息化应用中起到了基础性、关键性的作用。

三、简答题

1.电子认证的目的是什么?

2.电子合同的特征主要包括哪几个方面?

3.电子商务税收的特点有哪些?

◆ 项目评价

评价项目		评分标准	得　分
电子商务法律的基础知识	能陈述	电子商务涉及的相关法律问题（5分） 电子商务立法现状（5分）	
电子签名法	能陈述	电子签名的功能（5分） 电子签名法的主要内容（5分）	
电子认证	能陈述	电子认证的特征（5分） 电子认证的目的（5分）	
电子合同	能陈述	电子合同面临的问题（5分） 电子合同的特征（5分）	
电子商务税收	能陈述	电子商务税收的特点（5分） 电子商务税收的法律意义（5分） 国内电子商务税收出现的问题（5分） 国内电子商务税收管理办法（5分）	

续表

评价项目		评分标准	得　分
电子商务知识产权	能陈述	电子商务对知识产权保护的影响（5分） 保护知识产权的应对措施（5分）	
淘宝平台规则	能陈述	淘宝平台注册规则（4分） 淘宝平台经营主体规则（4分） 淘宝平台违规行为规则（4分）	
京东平台规则	能陈述	违规行为的处理方式（4分） 违规处理的具体措施（4分）	
电子商务职业道德	能做到	树立正确的职业道德思想（10分）	
总分（100分）			